一豊と秀吉が駆けた時代

―夫人が支えた戦国史―

長浜城歴史博物館

山内一豊之図　伝冷泉為恭画
掛川市二の丸美術館蔵

名馬を購入した一豊は、
京都の馬揃えで信長の目にとまり、
「武士の鑑」と誉められ、出世街道をひた走り
土佐国二十万石の大名に登り詰めた。

この出世の陰には、
夫人千代の「内助の功」があったと伝わる。
歴史の表舞台には登場しないが、
その夫人の英知と才覚が、
新時代のリーダー誕生に、大きく寄与したという。

ただ、
彼女をめぐる多彩な話題に比し、
史実は多くを語らない。
それは、夫の活躍の陰に見え隠れするのみである。

一方、一豊の出世は目覚しい。
近江での戦いを経て、唐国で初の所領を得る。
そして、長浜城主を皮切りに掛川城主、
高知城主へと戦国時代を疾走した。

結局、「内助」は、この一豊の生涯を通して知るしかない。
夫人の賢慮と忍耐、一豊の勇気と幸運、
そのすべてがなければ、土佐藩主山内家はなかったはずだが…

一豊を知ることで、千代を知る。
我々はこの視点で、戦国の世に迫ってみたい。
それは、史実を通して逸話を知る試みでもある。

長浜城

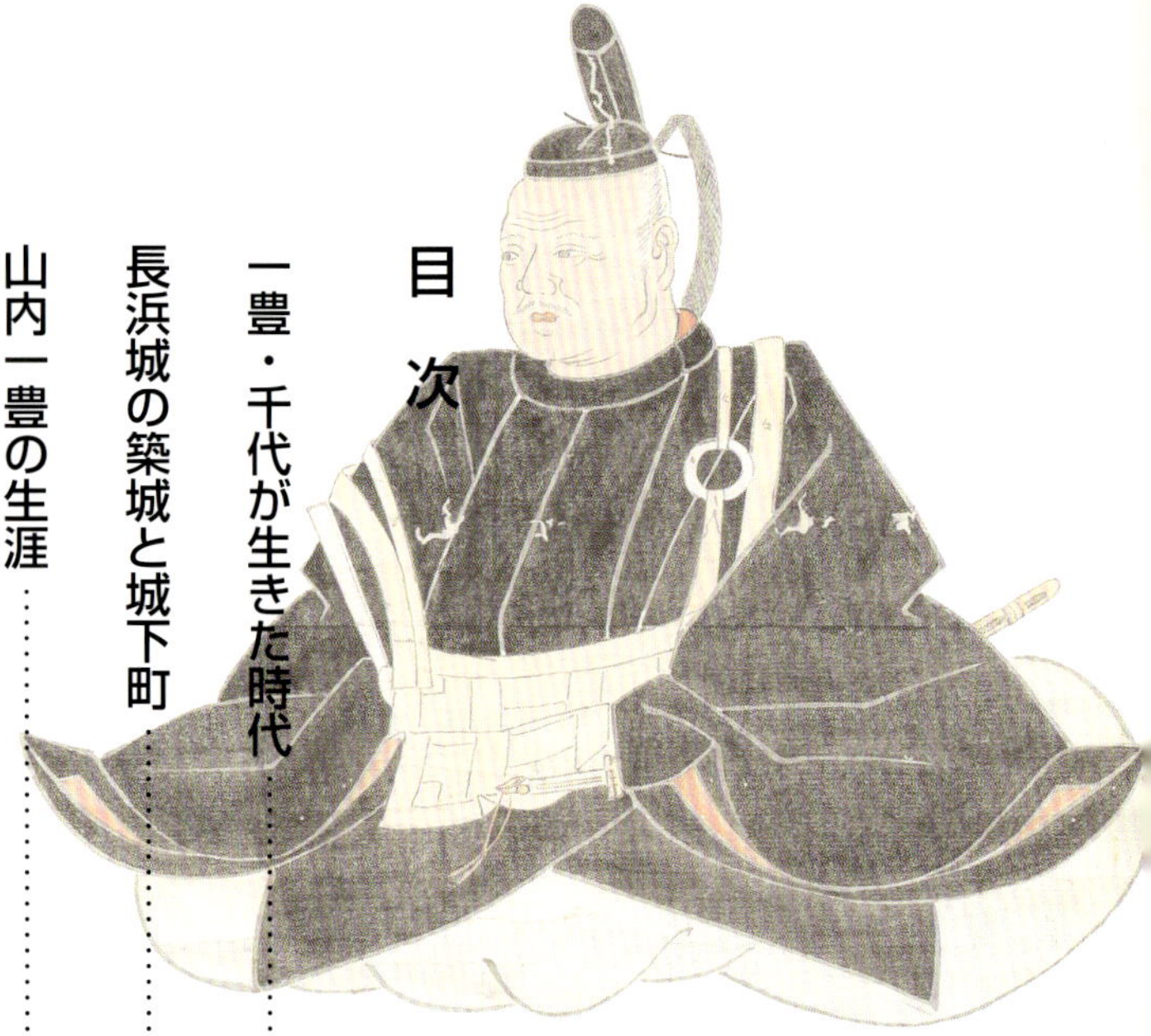

目次

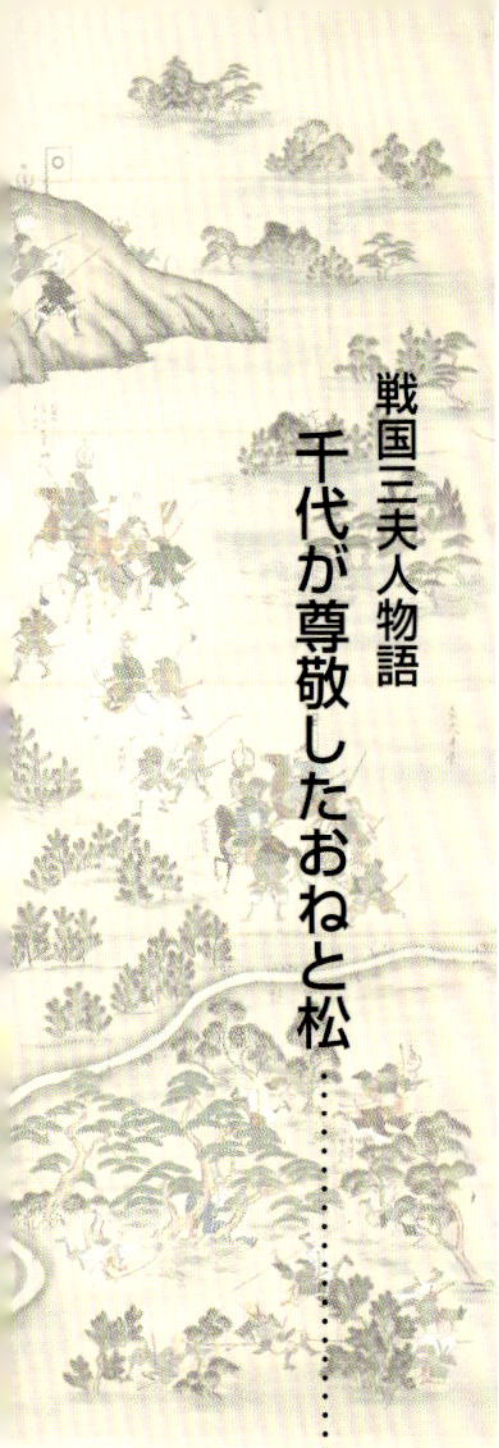

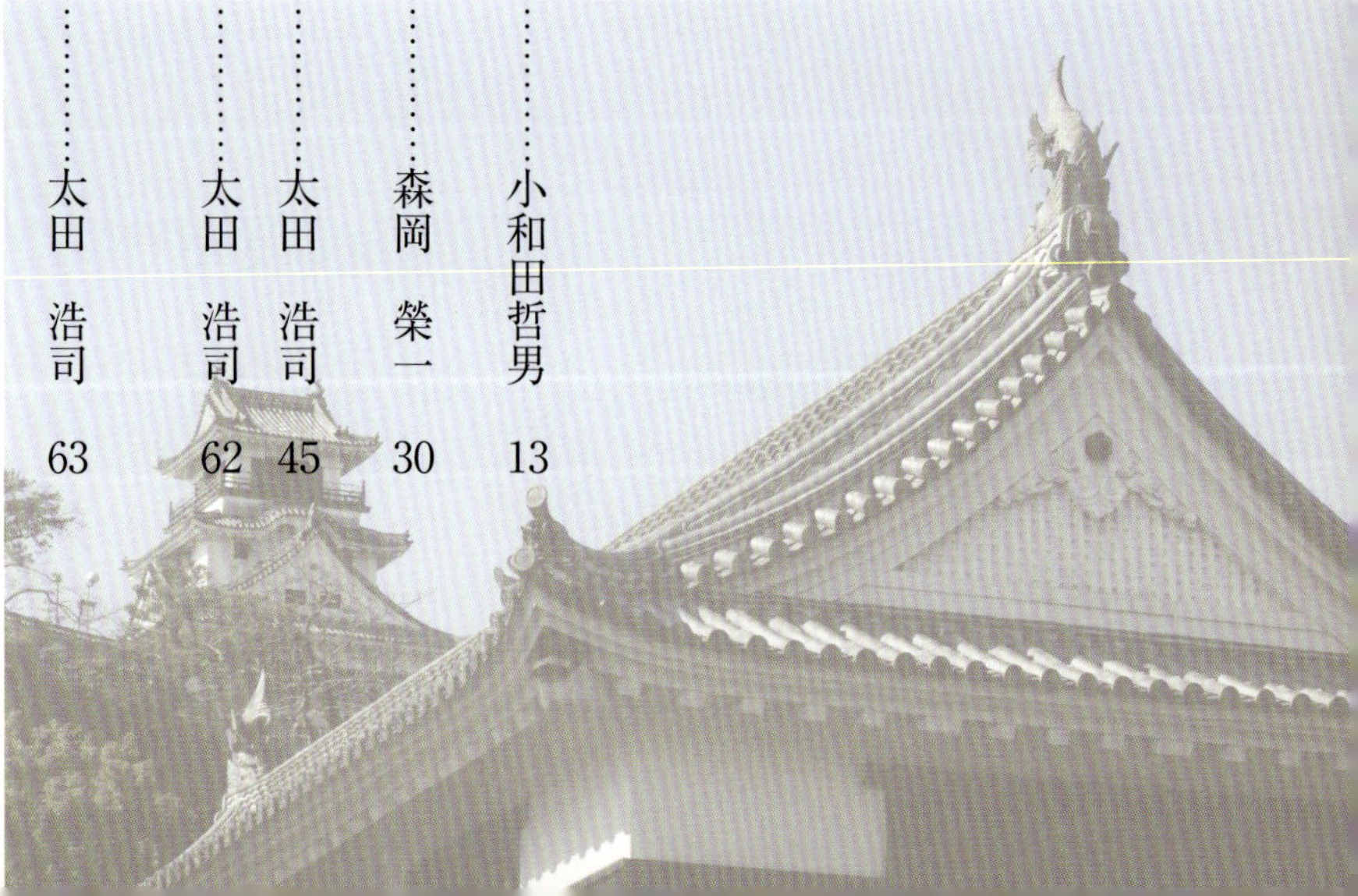

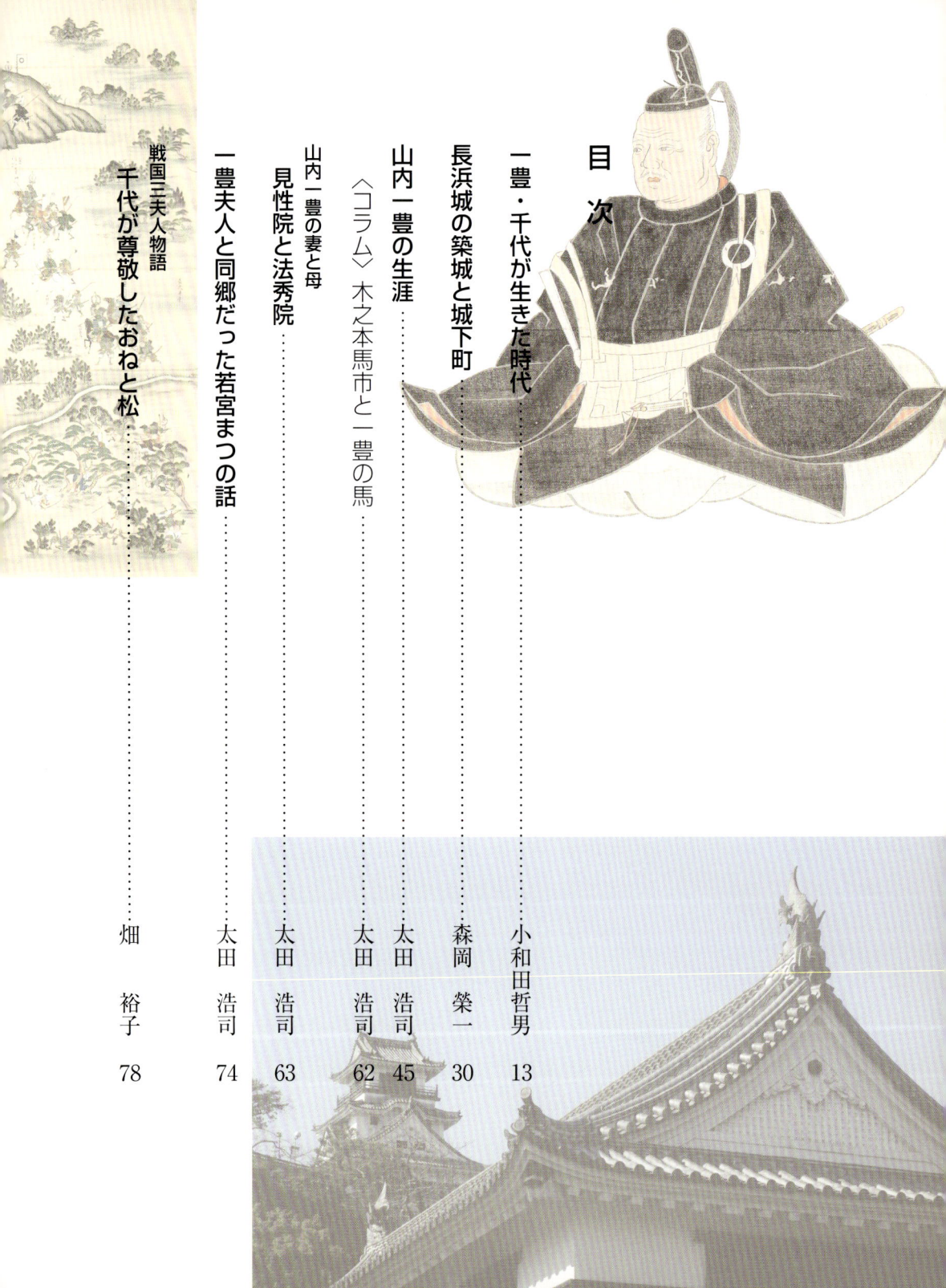

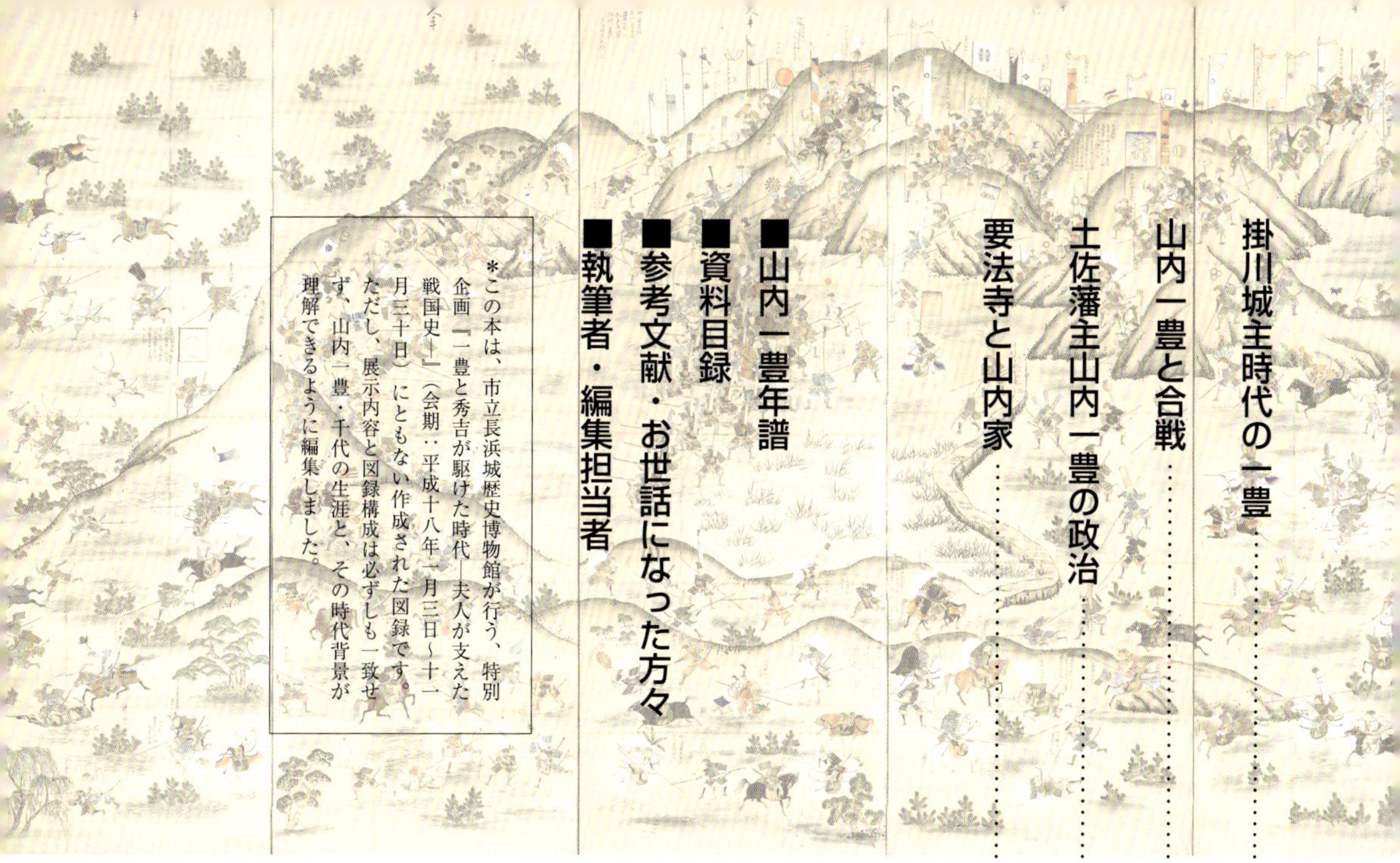

＊この本は、市立長浜城歴史博物館が行う、特別企画『一豊と秀吉が駆けた時代―夫人が支えた戦国史―』（会期：平成十八年一月三日～十一月三十日）にともない作成された図録です。ただし、展示内容と図録構成は必ずしも一致せず、山内一豊・千代の生涯と、その時代背景が理解できるように編集しました。

背景写真
右上：山内一豊像　土佐山内家宝物資料館蔵
右下：高知城天守閣
左上：小牧長久手合戦図屏風　個人蔵
左下：山内一豊夫人像　土佐山内家宝物資料館蔵

山内一豊像　土佐山内家宝物資料館蔵

山内家に現存する山内一豊と夫人の肖像画は２組あるが、本画は最も流布している作品である。土佐藩御用絵師・村上氏の手になるもので、紙本に描かれ右上に戒名が記されている。村上氏の初代龍円は、狩野探幽に学んだ後、土佐藩御用絵師となったが、同家には歴代藩主の肖像画を描くことが特権的に認められた。

山内一豊夫人像　土佐山内家宝物資料館蔵

前頁の一豊像と対になる夫人（見性院・千代）の像である。夫人・見性院は、長浜大地震で一人娘の与祢姫を失ってから仏門に帰依したと言われ、本図も法衣に袈裟をかけた姿で描かれている。歴代藩主夫人の中では、唯一肖像画が残され、文化３年（1806）に建立された藤並神社に祀られている事実からも、その存在の大きさがうかがい知られる。紙本著色。

山内一豊像　土佐山内家宝物資料館蔵

山内家に伝わった二組の夫妻像の内、もう一組の一豊像である。没後間もない頃に描かれたものを、江戸後期に忠実に写した作品である。上部に家康に重用された妙心寺の僧・鉄山宗鈍による慶長十三年（一六〇八）の賛がある。衣冠束帯姿の典型的な武人像で絹本著色。

山内一豊夫人像　土佐山内家宝物資料館蔵

前頁の一豊像と対になる夫人（見性院・千代）の像である。これも、没後間もない頃に描かれた作品を、江戸後期に写したもの。妙心寺の僧・単伝士印による元和四年（一六一八）の賛がある。

山内一豊像　大通院蔵

京都妙心寺の塔頭・大通院に伝来した一豊像。同院は一豊夫妻の菩提寺として、土佐藩から400石の寺領を与えられ、手厚く保護された。山内家の菩提寺となる前は、一豊の同僚で、伊豆山中城攻めで討死した一柳直末の菩提寺であったとされる。直末の諡号《しごう》も「大通院」である。なお、同院にある夫妻の位牌・墓が安置された霊屋にも、一対の夫妻像が掛けられている。

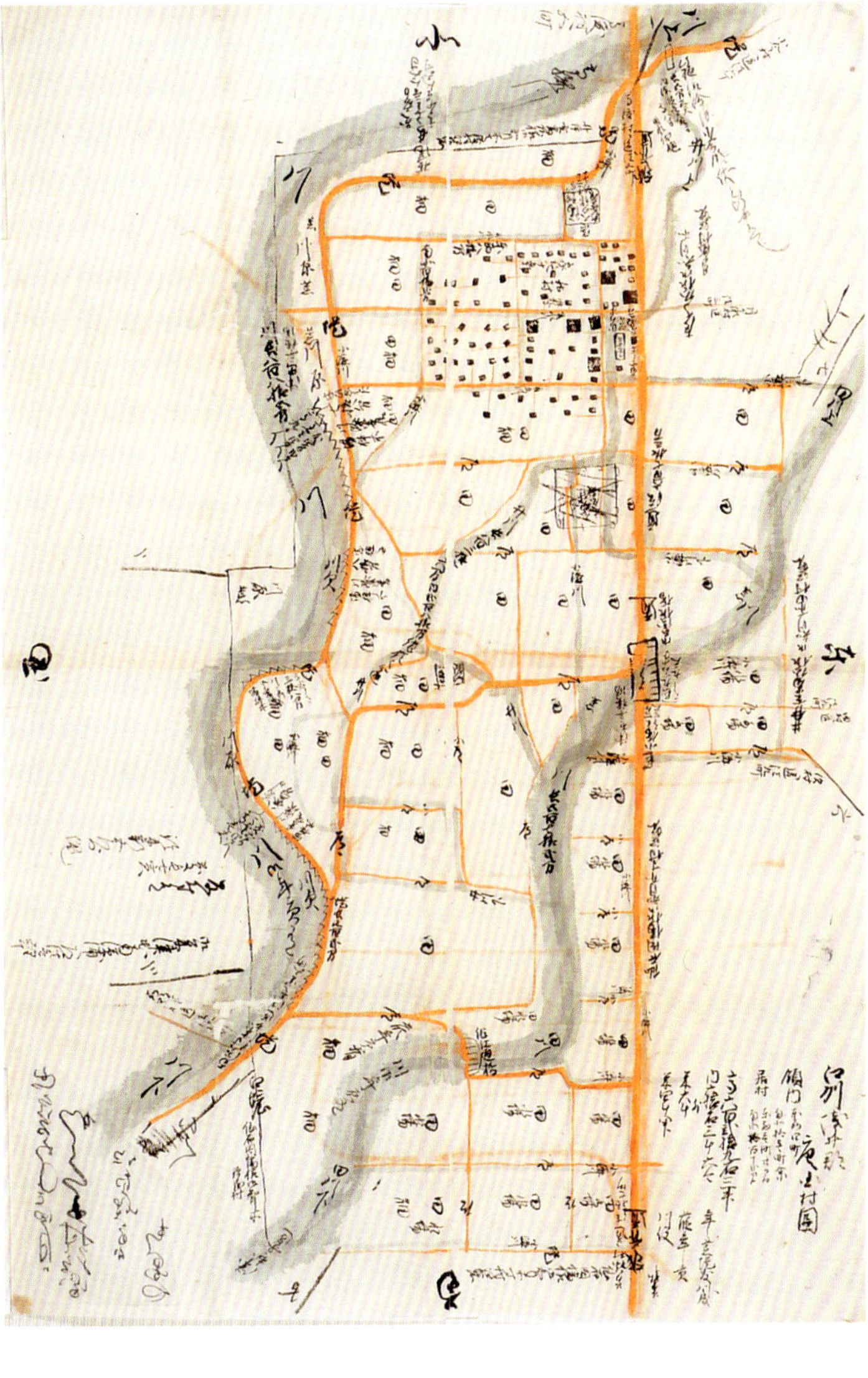

唐国村絵図　個人蔵

一豊が秀吉から初めて拝領した四〇〇石の所領は、浅井郡唐国村（東浅井郡虎姫町）で与えられた。本図は、延宝五年（一六七七）製作で江戸初期の同村の状況を描く。集落は高時川（左）と田川（右）に挟まれた北側にあり、やや右よりを南北に貫く道が北国街道である。一豊が長浜城主時代、田川に架かる橋が流され、それを修理するよう命じた一豊家臣の文書が地元に残っている。

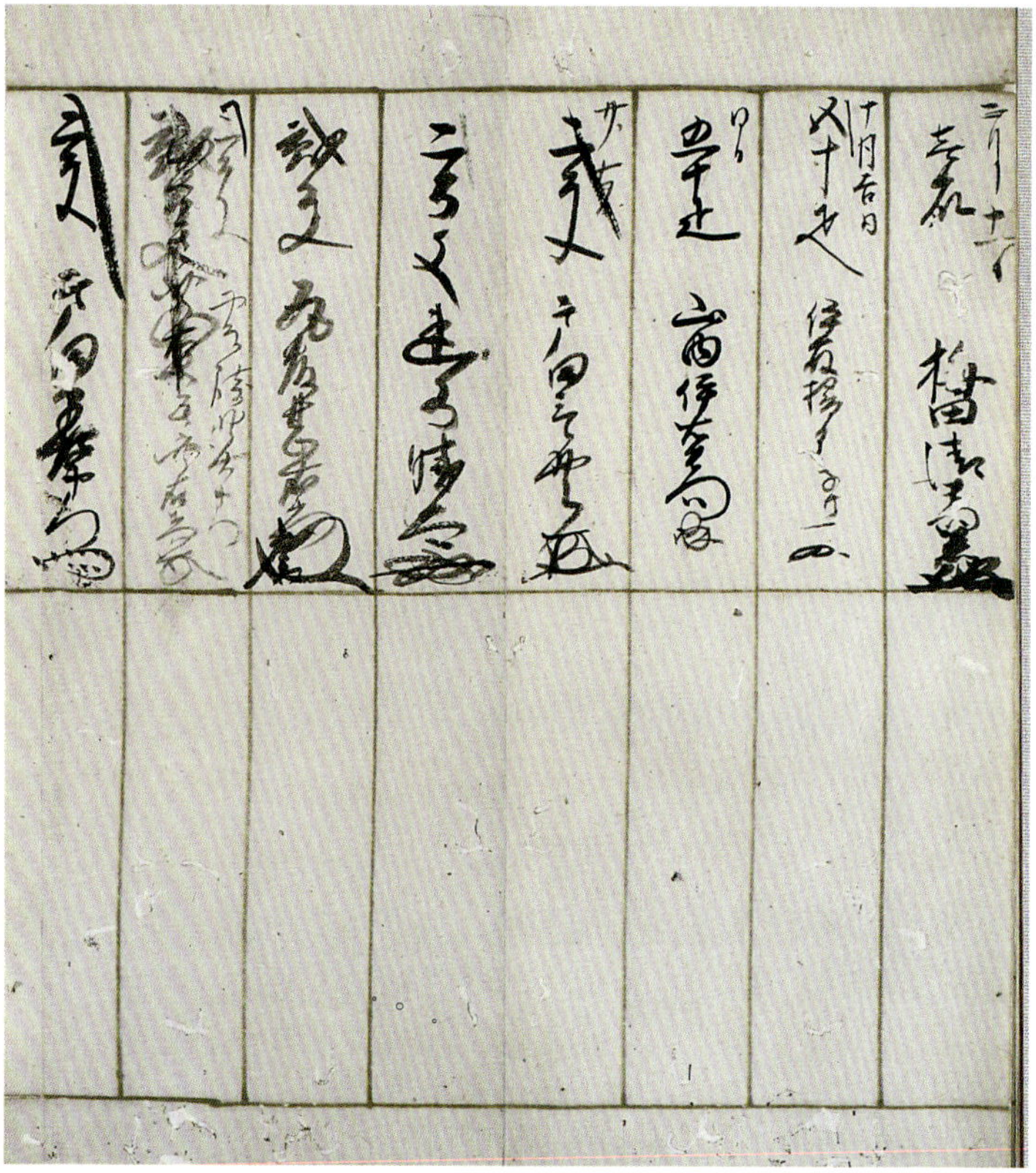

竹生島奉加帳　宝厳寺蔵

長浜城主・羽柴秀吉の家族や家臣が、竹生島の堂舎復興のために金品を寄進した記録である。最初に秀吉が100石を寄進したことが記され、後に秀吉の初期家臣たちの名前が連なる。浅野長政や宮部継潤の名前もみられるが、山内一豊も50疋（銭500文）を寄進し、「山内伊右衛門尉」と自著し花押を据える。天正4年（1576）頃の寄進とみられ、現存する最古の一豊署名と花押である。

一豊・千代が生きた時代

小和田哲男

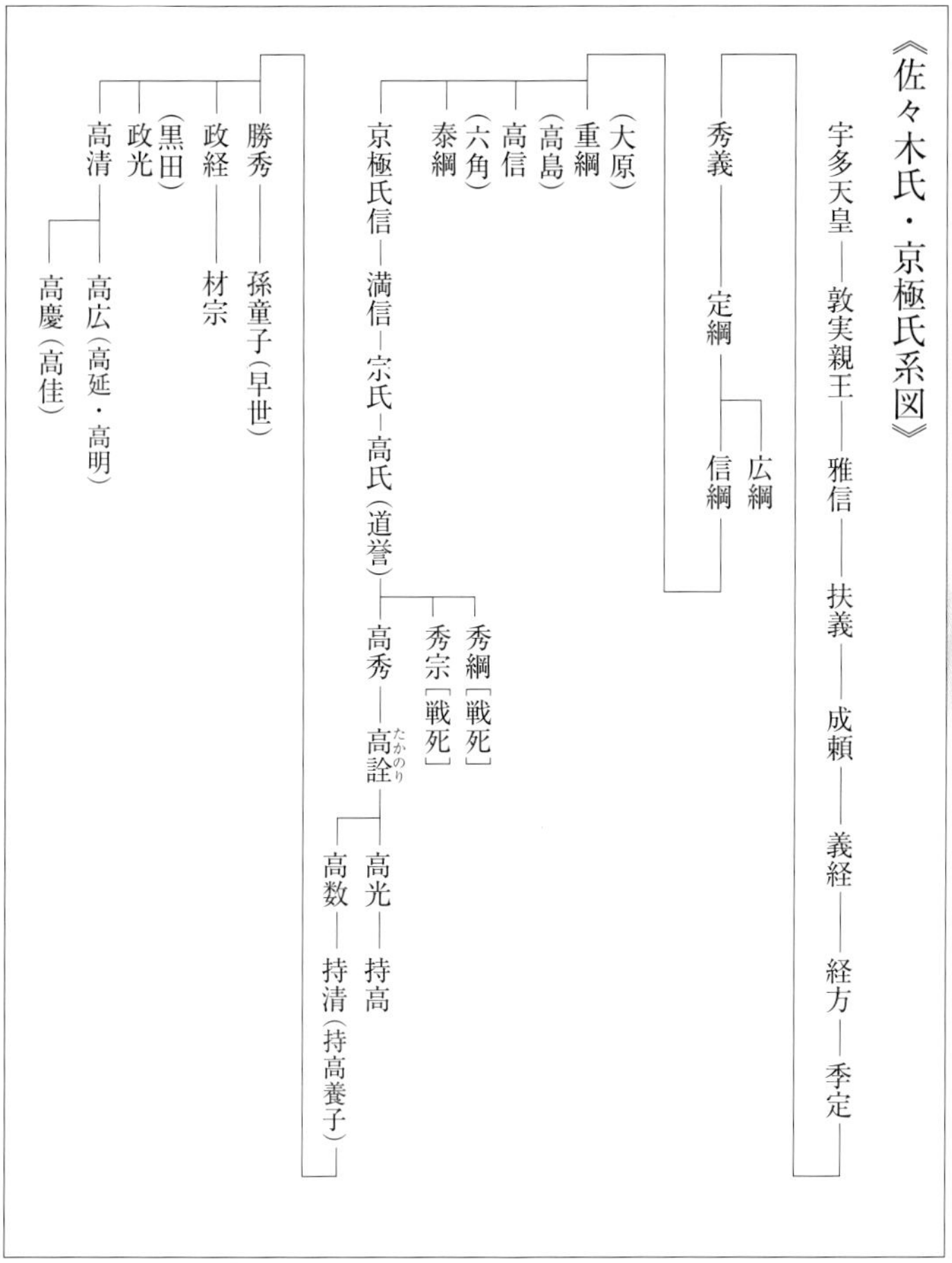

浅井氏の台頭で変わる北近江

近江守護は、鎌倉幕府のはじめの段階から近江源氏といわれた佐々木氏によって世襲される形であったが、十三世紀前半、佐々木信綱のとき、その所領が四子に分割され、南北朝・室町期には守護職はやや複雑な様相をみせるようになっていった。

信綱の長男重綱は、坂田郡大原荘を与えられて大原氏となり、次男高信は高島郡田中郷を与えられて高島氏となっている。そして、三男泰綱が、愛智川《えちがわ》以南の南近江六郡（神崎・蒲生・野洲・甲賀・栗太・滋賀）を与えられて佐々木氏の嫡流となって六角氏となった。京都の屋敷が六角東洞院《ひがしのとういん》にあったからである。

京極氏墓所　米原市清滝
北近江の守護家であった佐々木京極氏の歴代の墓所。上段（写真）には始祖・氏信から第十八代高吉まで、鎌倉時代～戦国時代の歴代当主の墓が並び、下段には京極高次をはじめ江戸時代の丸亀藩主・多度津藩主の墓が配置されている。国指定史跡。

もう一人、四男の氏信は、大原氏に与えられた大原荘、高島氏に与えられた田中郷を除く北近江六郡（愛知・犬上・坂田・伊香・浅井・高島）を相続し、さきの六角氏と同じように、京都の屋敷が京極高辻にあったことから京極氏とよばれるようになったのである。

このうち、特に京極氏は、元弘・建武の争乱に際して、京極氏五代の高氏（道誉）が足利尊氏に従って各地で戦功をあげたこともあり、宗家六角氏をしのぐ勢いを示している。

ふつう、室町時代を通じて、京極氏が北近江半国の守護職を、六角氏が南近江半国の守護職を継承したといっているが、佐藤進一氏の『室町幕府守護制度の研究　上』によると、実際は、六角氏が近江のほぼ全域の遵行《じゅんぎょう》権と、江北三郡（伊香・浅井・坂田）を除く軍事指揮権を握っていたようで、京極氏は江北三郡の守護職権の一部を与えられたにとどまっていたらしい。

以来、京極氏は、太平寺城、ついで上平寺城を居城とし、領内の武士を被官としながら守護大名領国制を展開していったのである。

ところが、京極氏は、政経のとき、高清との間ではげしい家督争いを演じている。この政経と高清の関係を、叔父と甥の関係としている系図もあるが、兄弟ではないかと思われる。ただ、いずれにせよ、この争いが、被官だった国人領主たちの台頭をゆるす結果になってしまうのである。

結局、高清があとをついだが、今度は、高清の子高慶《たかよし》と高延《たかのぶ》の兄弟の家督争いとなり、それを契機にいわゆる国人一揆が結ばれることとなった。

大永三年（一五二三）、高清を擁し、専権をふるう京極家老臣上坂《こうさか》信光打倒を旗印に、浅見貞則を盟主とする浅井《あざい》亮政《すけまさ》・三田村忠政・堀元積といった有力国人領主が一揆を結んで、上坂信光と京極高清・高慶父子を国外に追放してしまったのである。代わりに擁立されたのが高慶の兄弟高延であった。

このあと、実はもう一波乱ある。今度は、新守護高延を擁した形の浅見貞則の専横ぶりが目立つようになり、浅井亮政らによって浅見貞則が倒され、やがて、浅井亮政が国人領主たちのリーダー的存在になっていったのである。これで、北近江半国の守護、守護大名だった京極氏は没落していった。

天文三年（一五三四）八月二十日、小谷城清水谷の浅井亮政の居城で、亮政が京極高清・高延父子を饗応しているが、これは、

福井県
刀根坂古戦場
柳ヶ瀬
高時川
横山岳
北国街道
余呉湖
木之本
己高山
賤ヶ岳古戦場
木之本牛馬市跡
高時川
草野川
姉川
小谷城跡
郡上
速水
近江孤篷庵
滋賀県
虎御前山砦跡
北国脇往還
北国街道
伊部
野村
岐阜県
五村別院
姉川古戦場
唐国
（一豊初所領地）
姉川
伊吹山
湖岸道路
姉川
長浜
横山城跡
石田三成出生地
山内一豊屋敷跡
長浜城跡
春照
北国脇往還
藤川
関ヶ原古戦場
天野川
田村
関ヶ原
山内一豊の母・法秀院墓所
長野家屋敷
若宮氏館跡
（息長川）
柏原
中山道
天野川（息長川）
湖岸道路
米原
醒井
番場
中山道
霊仙山

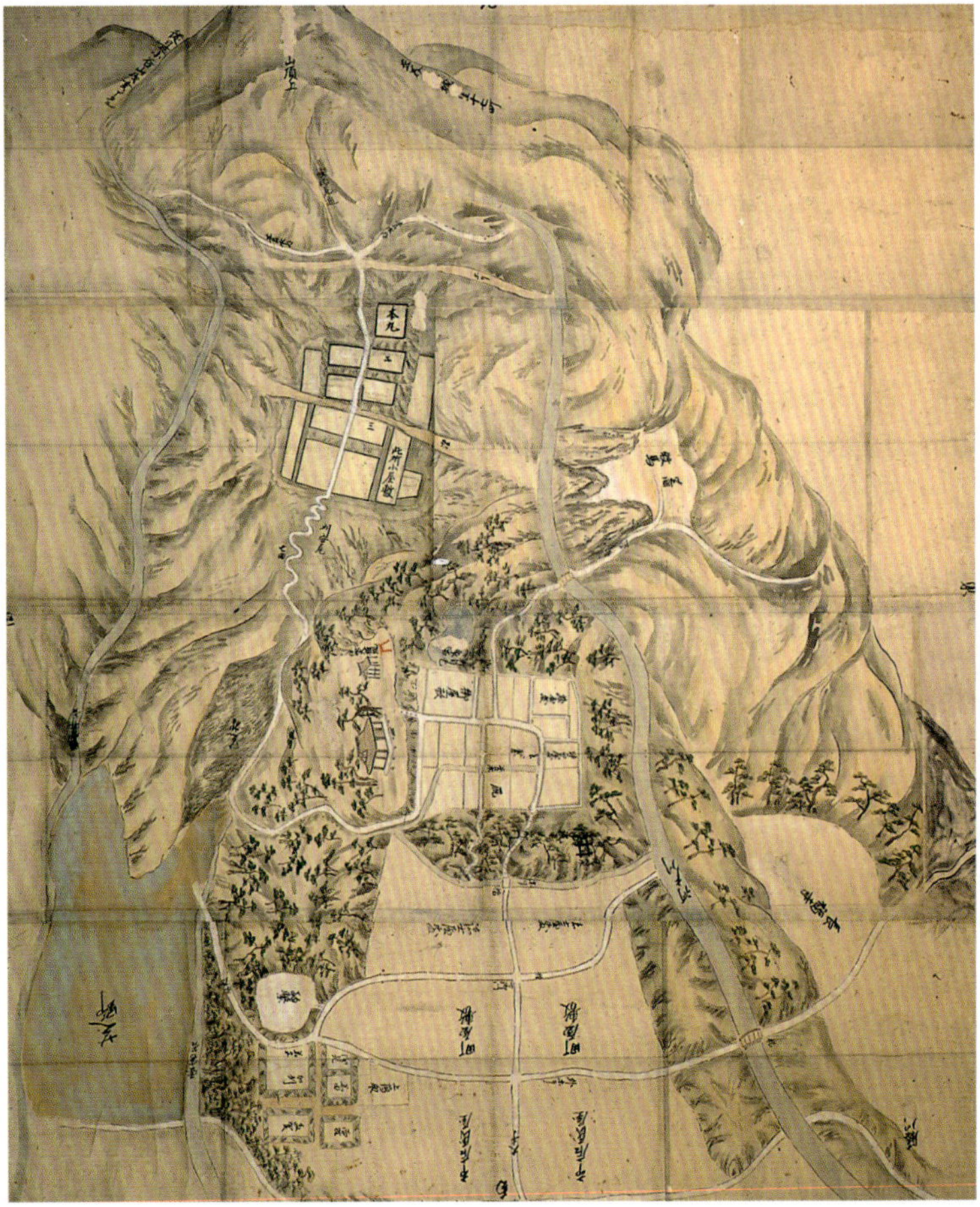

上平寺城絵図　米原市教育委員会蔵

京極氏の室町時代までの館は、柏原にあったと考えられるが、坂田郡上平寺から弥高に広がる本城は、戦国前期に当る、京極高清時代の城と考えられる。山上の上平寺（刈安尾）城跡の麓に、庭園が付属した京極氏館跡と家臣団の屋敷跡が広がり、発掘調査によって城下町の一部も確認された。本図は、江戸初期に描かれた図面と考えられる。

ある意味で、江北における政権交代を印象づけるためのセレモニーでもあった。

もっとも、これで、浅井亮政がすんなり、戦国大名化していったとみるのは早計である。この亮政の台頭を苦々しい思いでみていた武将がいた。南近江半国の守護、そして守護大名からこのころ戦国大名へと転化しつつあった六角定頼である。

六角定頼としては、同族である京極氏に代わって北近江支配に乗り出した浅井亮政をそのままにしておくわけにはいかなかったし、芽のうちに摘んでしまおうと思ったのであろう。亮政の力が強大化する前に再三にわたって亮政を攻めているのである。そして通説では、いつも亮政の側が負け、越前の朝倉氏のもとに逃げこんでいたという。ほとぼりがさめたころ、また越前から北近江に舞いもどるということを何回かくりかえしていた。つまり、これまでの理解では、浅井氏と朝倉氏の強い絆《きずな》は、このころから結ばれていたというわけである。こうした通説に対し、最近、太田浩司氏は、浅井・朝倉との同盟関係は、そんなに古いものではないと指摘している。このあたりの事実関係については、今後の検討が必要である。

その亮政が天文十一年（一五四二）に没

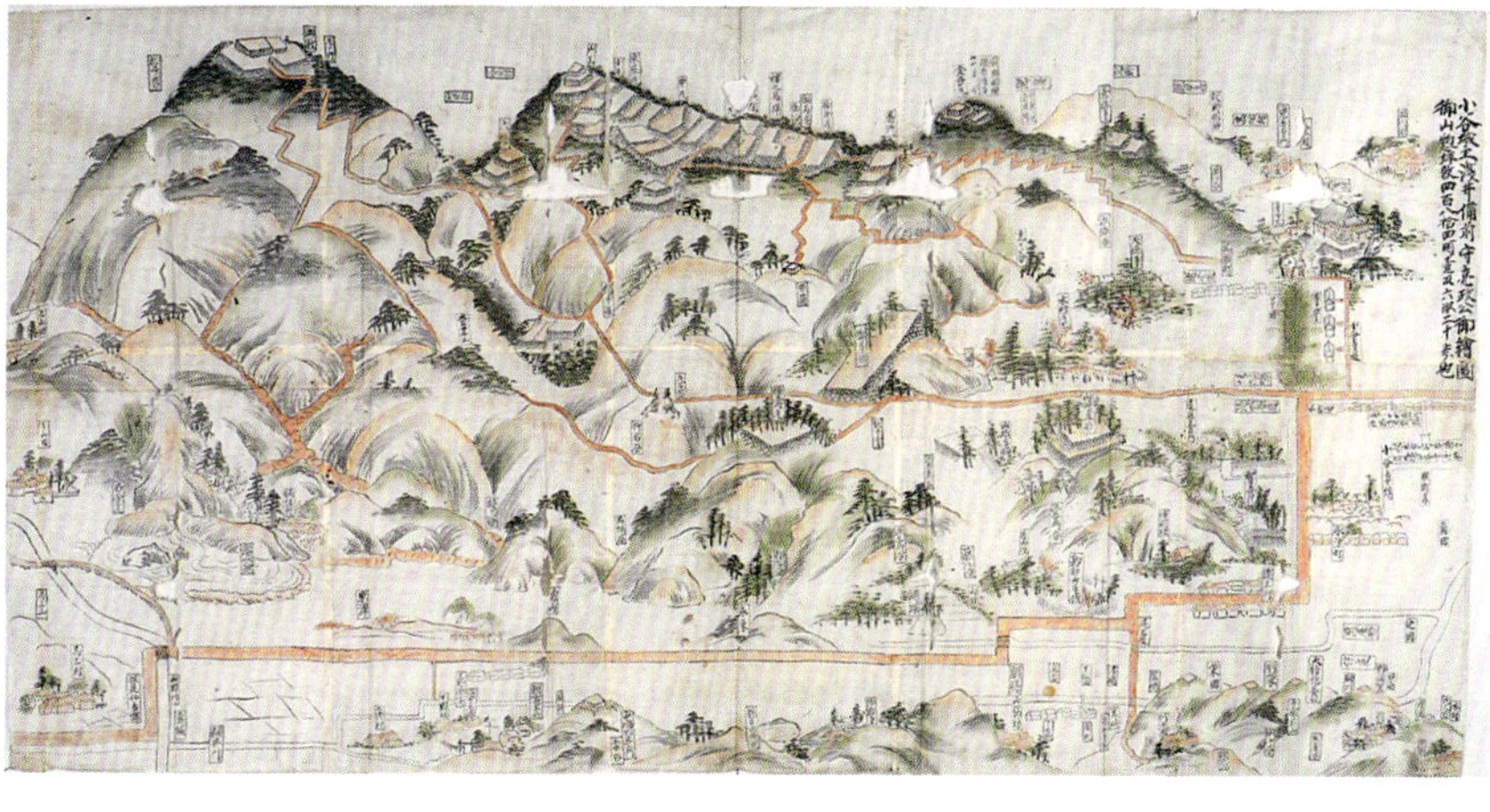

小谷城絵図　個人蔵
戦国大名浅井氏三代の居城である小谷城を描いた図面。西から東を向いて記した構図で、手前に虎御前山城・丁野《よおの》山城、中程に小谷城山崎丸・福寿丸があり、清水谷を隔てて大広間・本丸の郭《くるわ》が並ぶ小谷城の主要部分が配置されている。

したあと、二代目となったのが亮政の子久政であった。一方、六角氏の方でも、定頼が死んで義賢《よしかた》（承禎）へと代がわりをしており、久政と義賢の戦いへと移ってた。

　ところが、軍事的力量の点では久政は父亮政に劣っていたとみえ、天文二十二年（一五五三）十一月上旬の地頭山合戦で、久政が大敗を喫し、結局、浅井氏は六角氏に屈服してしまったのである。

　このころ、久政の嫡男が元服するわけであるが、六角義賢から名乗りの一字をもらい、賢政《かたまさ》と称している。これがのちの三代目長政である。浅井氏は六角氏の臣下の扱いをうけた形であった。しかも、そののち、浅井賢政は、義賢の斡旋で、義賢の重臣である平井定武の娘と結婚させられているのである。若い長政にとっては何とも我慢がならないことの連続であった。

　そして、ちょうどそのころ、弘治三年（一五五七）、千代が誕生するのである。

見性院（千代）の出自をめぐって

　山内一豊の妻千代の生まれた年については、元和三年（一六一七）十二月四日に六十一歳で亡くなったということから逆算して弘治三年でまちがいないと思われる。ちなみに、当時は数え年である。

　しかし、どこで生まれたのか、父母はどういう人だったかとなると史料が少なく、また、異説もいくつかあって、確定するのがむずかしい状況である。ただ、山内家関係の史料の多くが、「浅井氏の臣若宮喜助友興《ともおき》の娘」としていることから、近江出身説がほぼ定説となり、司馬遼太郎氏も「功名が辻」では、近江出身説を採用している。

　江戸時代、土佐藩主山内家では藩祖山内一豊にかかわる伝記史料をいくつか作成しており、その中の一つ「御家伝并御武功記」では、注記の形であるが、「若宮喜助友興女《むすめ》、友興橘氏也《なり》、江州属二浅井氏一也、不破市丞《いちのじょう》重純室姪」と記している。

　ここに不破市丞重純とあるのは重則の誤りと思われる。というのは、やはり、山内家の編纂にかかる「御家中名誉」という史料に、不破市之丞重則の子内匠が提出した書出が収められており、そこには、

……重則妻は丹波国石河（川）小四郎殿第二女、其《その》長女は江州浅井家の属若宮喜助殿に嫁し、則一豊様御奥様の御母堂にて御座候《ござそうろう》。浅井家亡び若宮殿御夫婦御死去の後、御幼年に候故、御伯母重則妻方にて御養育申上候由。

とみえるからである。石河小四郎は、ほかの史料では石川小四郎として出てくる。これを略系図にして示すと、次のページに示したようになる。

おそらく、不破市之丞重則の子内匠が山内家に仕えているのは、こうした縁があったからであろうと思われ、また、家臣が藩に提出した家譜に全く架空の経歴が書かれたとも思われないので、この所伝はある程度信用してよいのではなかろうか。

こうした史料を総合的に判断して、山内家でも、幕府への家譜提出のとき、具体的には『寛政重修諸家譜』であるが、一豊の項の末尾に「室は若宮喜助友興が女」と書きこんだわけである。

では、山内家関係の史料に千代の父親として出てくる若宮喜助友興とはどのような人だったのだろうか。

浅井氏の家臣だったという若宮喜助友興であるが、浅井氏関係の史料にはその名はない。ただ、若宮氏がいたことはたしかで、たとえば、『江州佐々木南北諸士帳』にも、飯村《いむら》の住人として「若宮兵介」と「若宮左馬介」の名前は出てくる。おそらく、若宮喜助友興は、飯村の若宮氏の一族だったのであろう。

「若宮文書」には、その若宮左馬助のほか、若宮藤三郎などの名もみえ、浅井賢政から感状が与えられ、同文書所収の永禄九年（一五六六）閏八月十三日付の御まつ御料人宛の浅井長政書状もあり、御まつ御料人の父若宮左馬助が討死したこともみえる。

なお、従来、この若宮左馬助と若宮喜助を混同し、一豊の妻の名を「御まつ御料人」とする見解もあったが、これはまちがいである。千代と「御まつ御料人」は全くの別人とみなければならない。

また、そのことと関連して、若宮喜助友興の戦死の日を永禄九年閏八月十三日とするものもあるが、これも若宮左馬助の討死を記した「若宮文書」の誤読であり、千代の父がいつの戦いで死んだかについてはわ

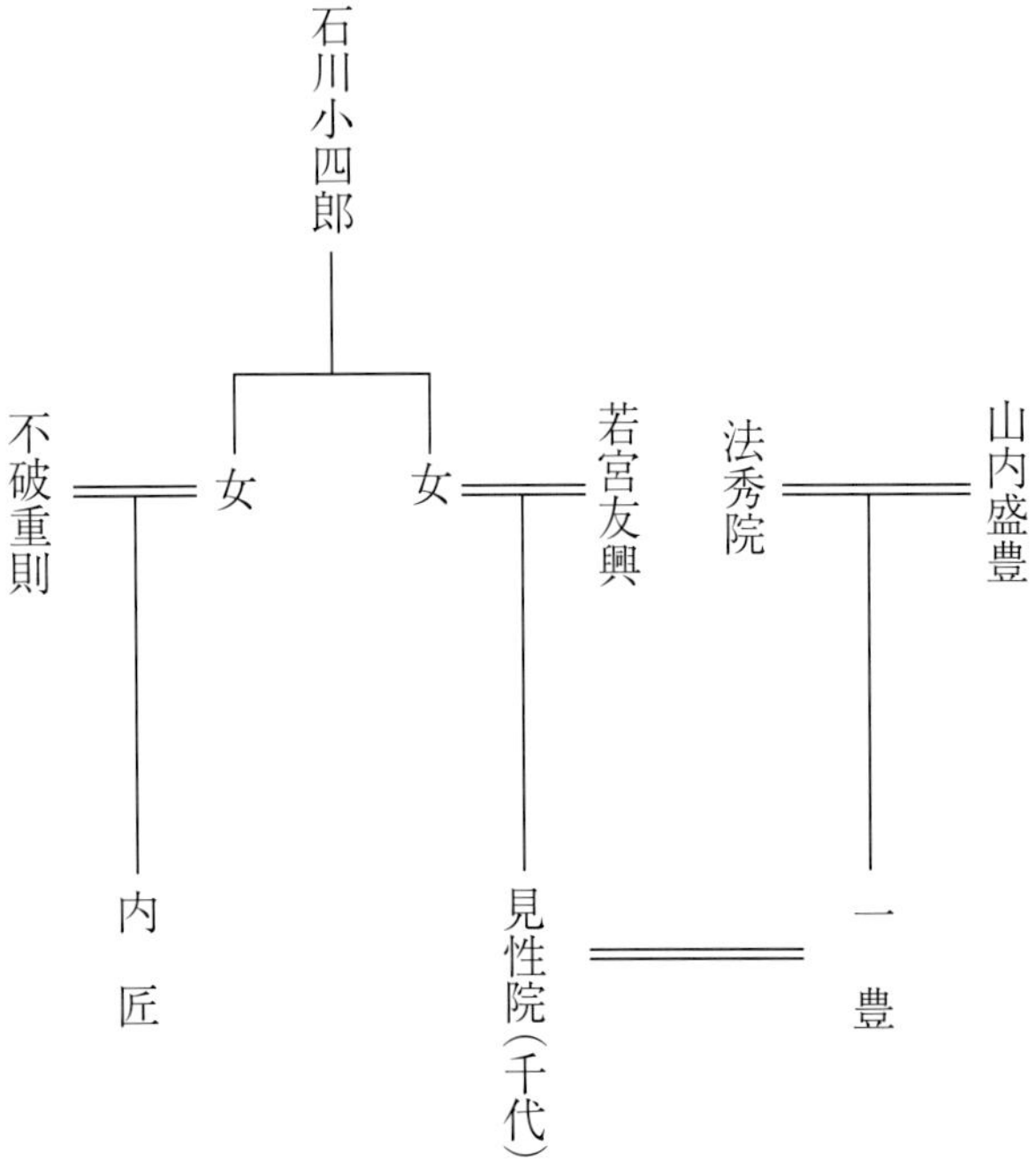

山内一豊・千代関係家系図

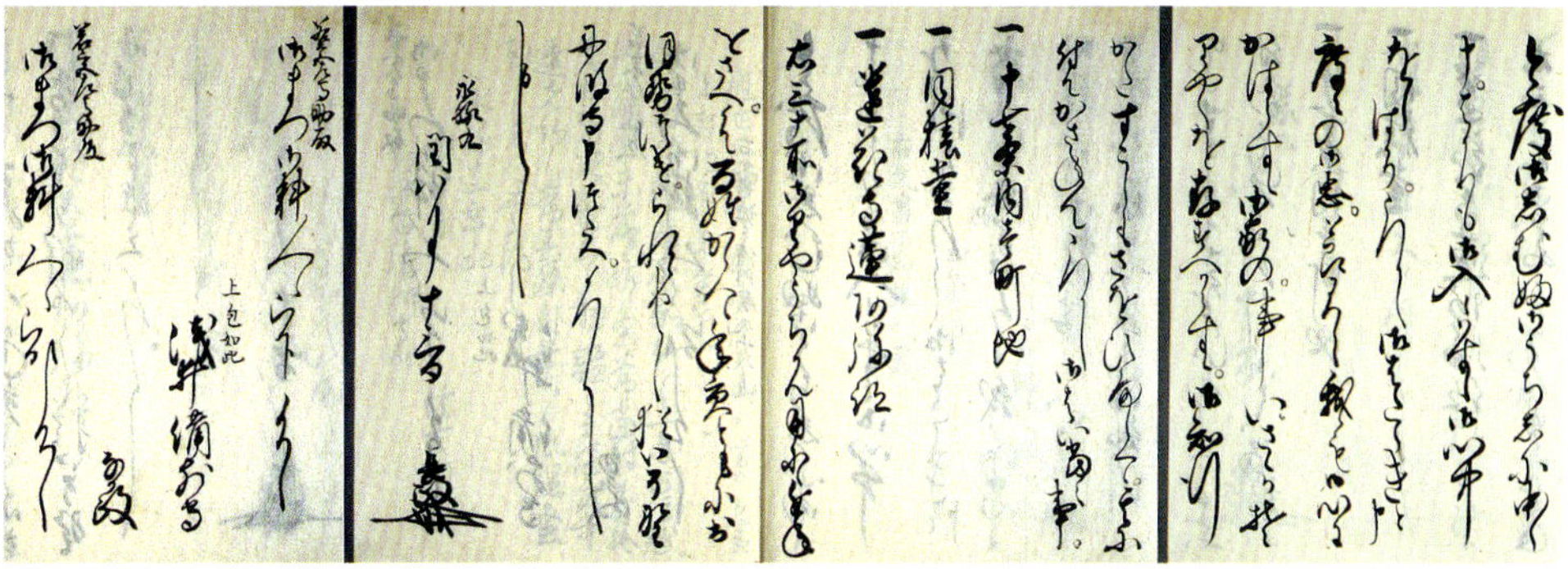

浅井長政書状写　高知県立図書館蔵『土佐国蠹簡集残編』四
浅井長政が、討ち死にした若宮左馬助の娘「まつ」に対して、本領安堵を伝え3ヶ所の加増分を与えた文書である。ここで、長政は左馬助の一人娘であった4歳の「まつ」に、父親の討死を見舞い、その忠節を謝している。この「まつ」は、同じ若宮氏の娘であったことから、見性院（千代）と混同されてきたが、最近別人であることが確認された。

からない。

では、千代の父は浅井氏の家臣として、いつ、誰との戦いで討死したのだろうか。この点については、浅井賢政から長政への改名にもかかわってくるので、つぎに少しくわしく追いかけてみたい。

浅井氏と六角氏の攻防

前述したように、浅井氏二代目の久政は、六角義賢との戦いに敗れ、その麾下に属することになった。しかし、そうした従属路線を久政の子賢政は快く思っていなかった。赤尾・遠藤・安養寺等重臣と相談し、六角氏と手を切る決心をしているのである。その手はじめに行われたのが、義賢の重臣平井定武の娘を離縁し、送り返すことであった。永禄二年（一五五九）四月ごろのことである。

この瞬間から、浅井氏と六角氏のはげしい戦いがくりかえされることになる。両軍の勢力がぶつかる佐和山城や肥田城、それに肥田城近くの野良田《のらだ》（彦根市野良田町）あたりが戦場となった。特に翌永禄三年八月の野良田合戦はまだ十六歳の賢政が采配をふるった戦いで、六角義賢軍を打ち破っているのである。

もっとも、この戦いで、浅井氏の犠牲者は四〇〇〇人にもおよんだという。その中に、千代の父若宮喜助友興も含まれていた可能性はある。

浅井軍にしても六角軍にしても、軍勢の主力は若宮氏のような土豪だったのである。土豪は地侍ともよばれ、専業武士というわけではない。よく半農半士などといわれるが、兵農未分離の武士でもあり農民でもあるという階層である。苗字、すなわち若宮という名字をもっていることから、「名字の百姓」などともよばれていた。彼らが、何人かの家人を率つれて出陣していったのである。

このあと、永禄四年（一五六一）の太尾山（米原市米原・西円寺）の戦い、佐和山城の戦いなどがあり、戦いは永禄九年（一五六六）まで続けられており、若宮氏の本拠地である飯村あたりも六角軍による放火などがくりかえされていた。

千代は、この浅井対六角の戦いの中で、父を殺され、母も死に、伯母にあたる美濃の不破市之丞重則の妻のもとに身を寄せることになったものと思われる。

なお、それまで、六角義賢から名乗りの一字を押しつけられ、賢政と名乗っていたのを長政と改名したのは永禄三年のことであった。この年、久政は三十六歳の若さで

山内盛豊・十郎墓　愛知県一宮市木曽川町黒田黒田法蓮寺の墓地にある一豊の父・盛豊と兄・十郎の墓である。法蓮寺は、一豊が出生したと伝える黒田城の近くにある日蓮宗寺院。向かって右が盛豊、左が十郎の墓と伝える。墓地には、一豊の最初の家臣として知られる祖父江勘左衛門・五藤吉兵衛と同姓の墓が多く、山内氏の本貫の地であることを証明している。

隠居することになった。六角従属路線継続を潔しとしない若い長政と同心した重臣たちによるクーデターでもあった。

織田信長と浅井長政の同盟

若い浅井長政が六角氏と手を切って自立しはじめたちょうど同じ時期、尾張の織田信長も急速に力を伸ばしてきた。信長が尾張上四郡守護代の岩倉城織田氏を攻めたのは永禄二年（一五五九）である。実は、岩倉城主織田信賢の家老の一人に一豊の父山内盛豊がいた。盛豊はその戦いで討死したとも、開城処理後、一切の責任を負って自害したともいわれている。そのとき十五歳だった一豊は、母の法秀院を連れて、各地を転々とするのである。

このあと、一豊自身は、前野長康、牧村政倫、さらには近江の勢多（瀬田）城主山岡景隆らに仕えたりしているが、最終的には、自分の父盛豊を死に追いやった信長に仕えているのである。

その間、母法秀院の方は、いかなる伝があったかわからないが、近江の飯村に近い宇賀野《うかの》（米原市宇賀野）の長野氏のもとに寄寓していたという。そのころ、法秀院に裁縫を習いにきていた近隣の娘の中に千代がいたというのである。

さて、その信長、永禄十年（一五六七）八月十五日には美濃の稲葉山城を攻め落とし、斎藤龍興を逐った。上洛するには近江があるだけである。しかも、近江では浅井長政と、六角義賢・義治（義弼）父子とが長年にわたって戦いあっているという情報は得ていた。

そこで、信長は浅井長政に同盟をもちかけている。それに長政が同意し、このとき、信長の妹お市の方が長政のもとに嫁いでいくことになったのである。

ちなみに、これまで、お市の方の輿入れをもっと早い時点、たとえば、永禄四年（一五六一）とか永禄六年（一五六三）とかに設定する見解が有力だったが、最近は、永禄十年末ないし翌十一年（一五六七）早々といわれるようになってきた。私は、永禄十一年四月ではないかと考えている。

その永禄十一年になって、信長に上洛のためのおあつらえむきの人物があらわれた。足利義昭である。義昭は十三代将軍義輝の弟で、将軍になれる候補の一人であったが、流寓先の越前の朝倉義景がなかなか動こうとしないのにしびれをきらし、義景に仕えていた明智光秀の勧めにのり、信長を頼って美濃にやってきたのである。

上洛のきっかけがつかめなかった信長に

織田信長の「天下布武」の朱印
長浜城歴史博物館蔵「織田信長朱印状」
織田信長は、その生涯で三種の朱印を使用したが、その最古の形状を示す印。三種の朱印には、いずれも「天下布武」の文字が記されているが、天下に号令するとの意味である。写真の朱印は、永禄十一年（一五六八）二月付け藤八宛朱印状のもので、文書の内容は名田の安堵である。

とってこれは吉報だった。信長は、その年九月七日、六万の大軍を率いて岐阜を出陣し、二十六日には義昭を奉じて入京に成功するのである。このときの行動に、途中から浅井長政も自ら軍勢を率いて合流し、六角氏との戦いに加わっているのである。

　そのころ、山内一豊がどこで何をしていたのかは明らかではない。もし、山岡景隆のもとにそのままいたのであれば、このときの信長上洛で、山岡景隆は六角氏を離れ、信長についているので、一豊も、信長上洛軍の一員になっていた可能性はある。そして、少しして、一豊は木下藤吉郎秀吉の与力となる。

　与力というのは秀吉の家臣というのとはちがう。あくまで信長の家臣で、秀吉の軍事指揮下に入っているというだけである。同じような境遇にあったのが竹中半兵衛重治である。竹中半兵衛もこのころは秀吉の与力であった。

　信長の上洛で、信長がスローガンとする「天下布武」に一歩近づいた。ところが、次第に、信長の傀儡《かいらい》であることに気がつきはじめた足利義昭が、信長排除の策謀を具体化するようになり、越前の朝倉義景が裏で義昭と結び、信長の上洛命令にも従わなくなったのである。

　そこで信長は元亀元年（一五七〇）四月、若狭を経由して越前に攻め込んだわけであるが、そのとき、突然、浅井長政が反旗をひるがえしたのである。

姉川の戦いから小谷落城へ

　信長は、金ヶ崎城に木下秀吉・明智光秀らわずかの兵を残し、琵琶湖の西、朽木谷を通って京都へ逃げもどっている。信長にしても、「妹お市の方を嫁がせたのにどうして」という思いだったものと思われる。現在のわれわれも、長政がなぜ信長を裏切ったのか、その真意がはかれないでいるくらいである。

　一説には、長政が信長と同盟するとき、「朝倉は敵としない」という一札が入れられたとも、「もし、朝倉と戦うときには事前に相談する」との約束があって、それを反故にされたので、怒って敵対したともいわれるが、どれも説得力あるものではない。もしかしたら長政にも、足利義昭から〝反信長戦線〟を結成するよう呼びかけがあったのかもしれない。

　結局、いったん岐阜にもどった信長は、あらためて兵をまとめ、浅井長政を攻めるため、六月十九日出陣している。信長軍二万に、同盟者徳川家康が五〇〇〇率いて応

姉川古戦場跡

元亀元年（1570）6月28日、浅井・朝倉の連合軍と、織田・徳川の連合軍が当地で戦った。山内一豊も参陣していたと考えられるが、具体的な動きはまったく分からない。一豊の武功が初めて知られるのは、天正元年（1573）に織田信長軍が、朝倉義景軍を追った刀根坂の合戦からである。

援にかけつけたので、織田・徳川連合軍は二万五〇〇〇である。

それに対し、そのころの浅井長政は最大動員兵力八〇〇〇、朝倉義景から朝倉景健《かげたけ》以下一万が応援にかけつけたので一万八〇〇〇となった。

六月二十八日、両軍、姉川をはさんではげしい戦いとなった。戦史に有名な姉川の戦いである。もちろん、この戦いに、一豊は秀吉の与力として従軍している。

戦いは織田・徳川連合軍の勝利で終り、朝倉軍は越前にもどり、浅井軍は小谷城に籠城することとなった。信長も、天嶮の要害に築かれた小谷城を力攻めで簡単に落とすことはできないと判断し、付城《つけじろ》、すなわち対の城として横山城を築かせ、そこに秀吉を置き、小谷城攻めの責任者とした。秀吉の与力だった一豊も、このとき以来、横山城に常駐する形となった。

一豊が、千代といつ出会い、どのような経緯で結婚したかについては厳密にはわかっていない。しぼりこんでも、せいぜいいえるのは、この姉川の戦いがあった元亀元年から、小谷城攻めのあった天正元年（一五七三）までの間である。仮に元亀元年（一五七〇）なら一豊二十六歳、千代十七歳、天正元年（一五七三）なら一豊二十九

浅井長政像　長浜城歴史博物館蔵
浅井郡の旧家に伝来した浅井長政の肖像画。長政１周忌に描かれた徳勝寺（現在は小谷城址保勝会）蔵の長政像の写である。信長の妹・お市と結婚し、３人の娘をもうけたことは著名。長女は秀吉側室であった淀殿、次女は京極高次夫人・常高院、三女は徳川秀忠夫人・崇源院である。

歳、千代二十歳ということになる。

横山城常駐といっても、いつもいつも戦いがあったわけではなく、前述したように、母の法秀院が宇賀野の長野家に身を寄せていたというのが史実なら、そこに、たびたび顔を出していた可能性はある。ただし、千代はそのころは、美濃の不破家を頼っていたはずで、いかなる接点があったかは、史料的にみて限界があり不明というしかない。

ところで、小谷城攻めの方であるが、秀吉は得意の調略を駆使しながら、浅井長政の家臣の切り崩しを行っており、磯野員《かず》昌《まさ》・宮部継潤らが寝返ってきていた。

天正元年八月になり、阿閉貞征《さだゆき》が寝返ったことで、信長も小谷城攻めの機会がきたと判断し、八月八日、にわかに出陣した。

信長軍動くのしらせはすぐ朝倉義景のもとに届けられ、今度は義景自ら二万の大軍を率いて小谷城の救援に出てきたのである。

ところがこのとき、信長軍は、小谷城を攻めず、援軍として出てきた朝倉軍に猛攻を加え、結局、敗れた朝倉軍は越前さして落ちていったのである。その途中、近江と越前の国境近くの刀根坂ではげしい戦いとなった。一豊が朝倉方の剛将とうたわれた三段崎勘右衛門《みたざきかんえもん》を討ち取ったのはこの戦いである。

朝倉軍はそのまま越前に逃れ、義景は自刃した。信長は近江にもどり、小谷城を攻め、ついに九月一日、長政が自刃し、浅井氏は滅亡したのである。

小谷城攻めの論功行賞で戦功第一はもちろん秀吉であった。秀吉に浅井氏の遺領北近江三郡十二万石と小谷城が与えられた。秀吉は苗字をそれまでの木下から羽柴に改めている。

そして、このとき、それまで秀吉の与力だった一豊らが秀吉につけられ、その家臣となっている。一豊には近江唐国《からくに》で四〇〇石が与えられた。千代との新婚生活の場は、秀吉が小谷から長浜に城を移したこともあり、長浜城下だったと思われる。

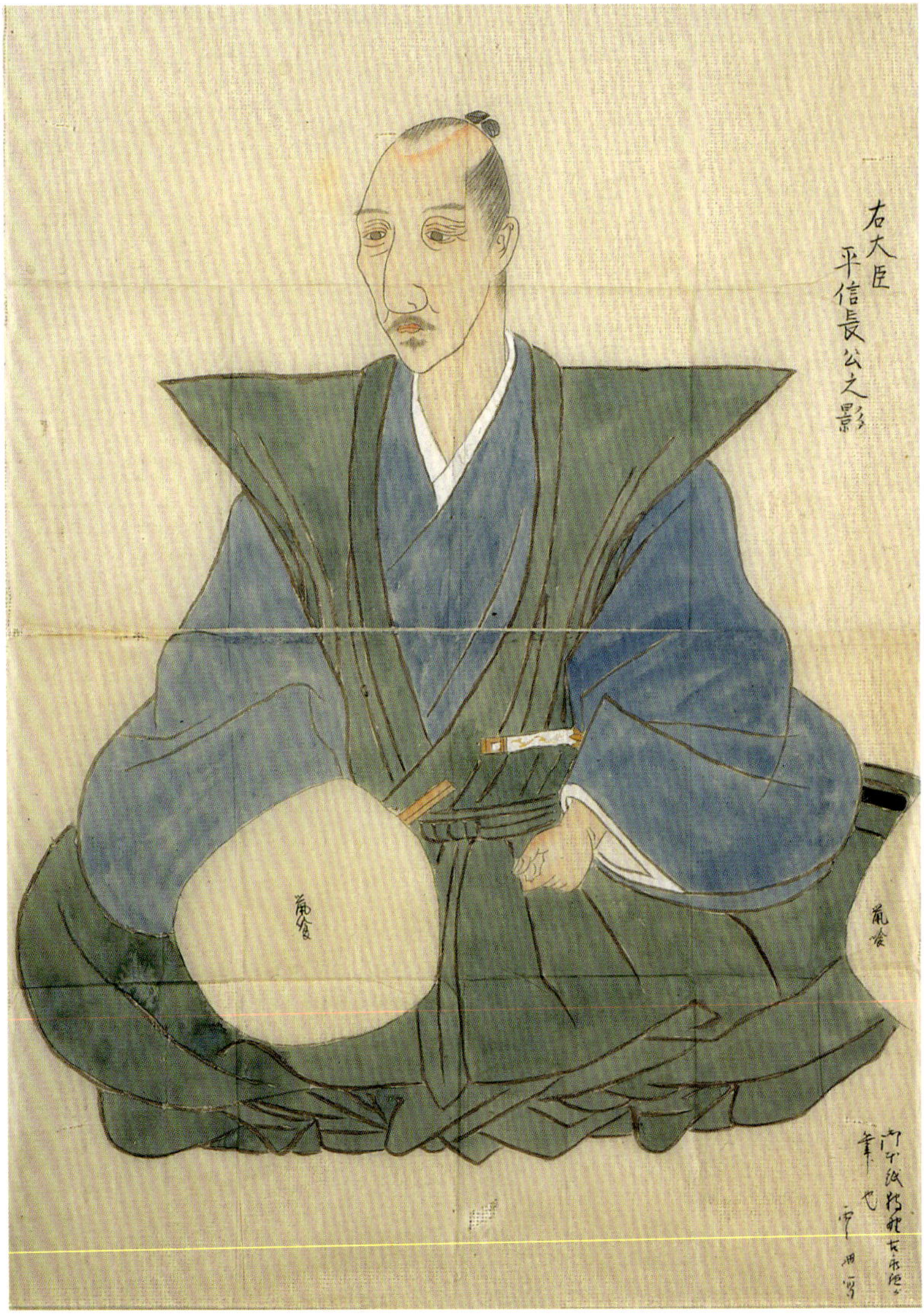

織田信長像　国友助太夫家文書

右下にある墨書により、狩野永徳の描いた信長像を写した作品と考えられる。永徳作の信長像は現存していないが、愛知県総見寺に伝わる信長像は、元禄7年（1694）に永徳の作品を写したもので、本図と容貌・構図は酷似する。総見寺像にはない、２ヶ所の「鼠喰」の欠損部分を描く点は、本図が永徳の肖像画を直接写したことを示している。山内一豊が、この信長に仕えたか否かは、諸書により記述が異なる。

豊臣秀吉像　国友助太夫家文書

現在大阪府の逸翁美術館に収蔵される豊臣秀吉像の写と判断される。逸翁美術館本は、稿本ながら最も著名な秀吉像の一つである。本像の作者は、信長像と同じく「国友雲洞写」と墨書するが、雲洞は国友助太夫家の江戸後期における当主である可能性が高い。助太夫家は国友鉄砲鍛冶を統括する年寄４家中の１家で、400点に及ぶ家伝文書が現存している。本図や信長像も、その１点として伝わった。

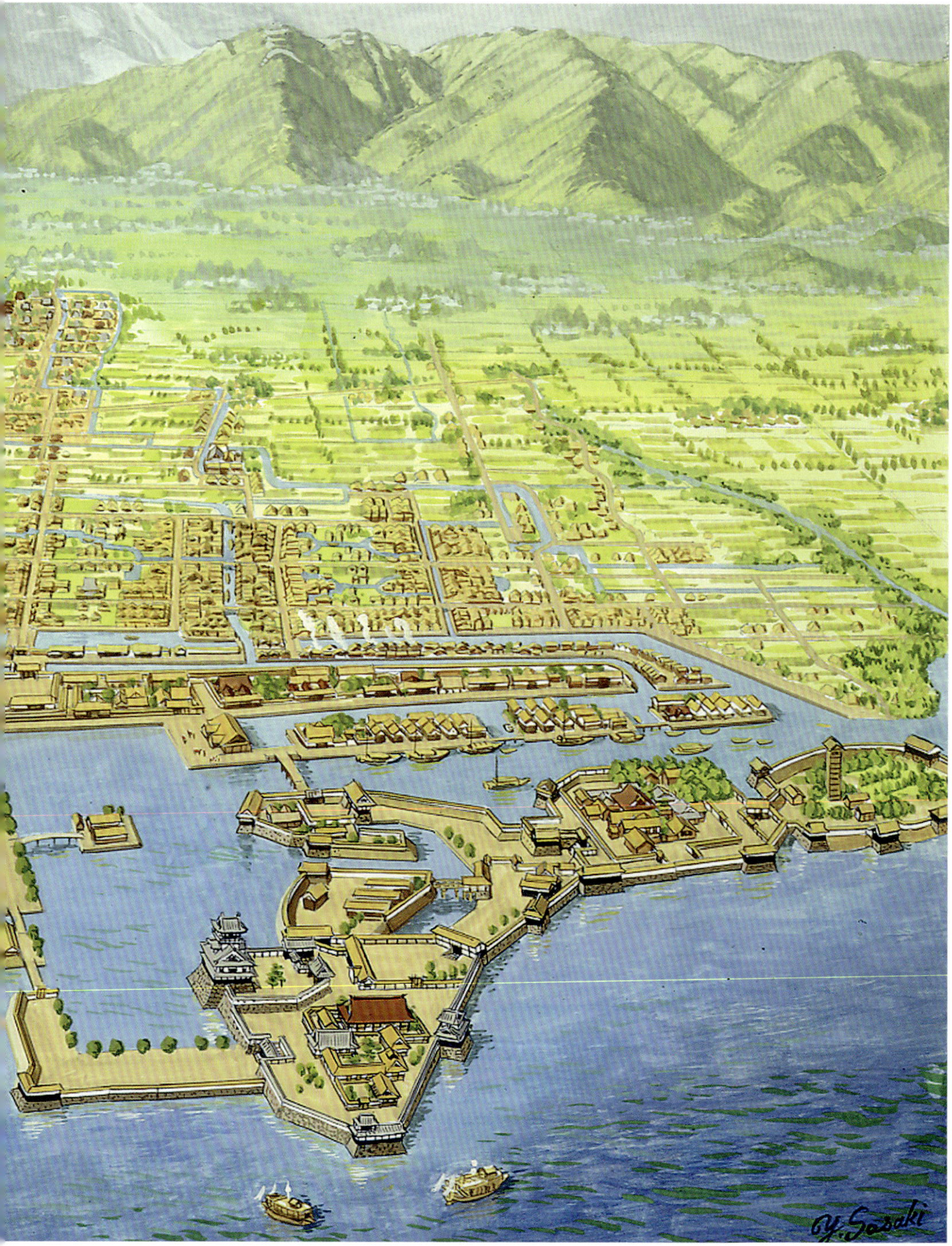
Y. Sasaki

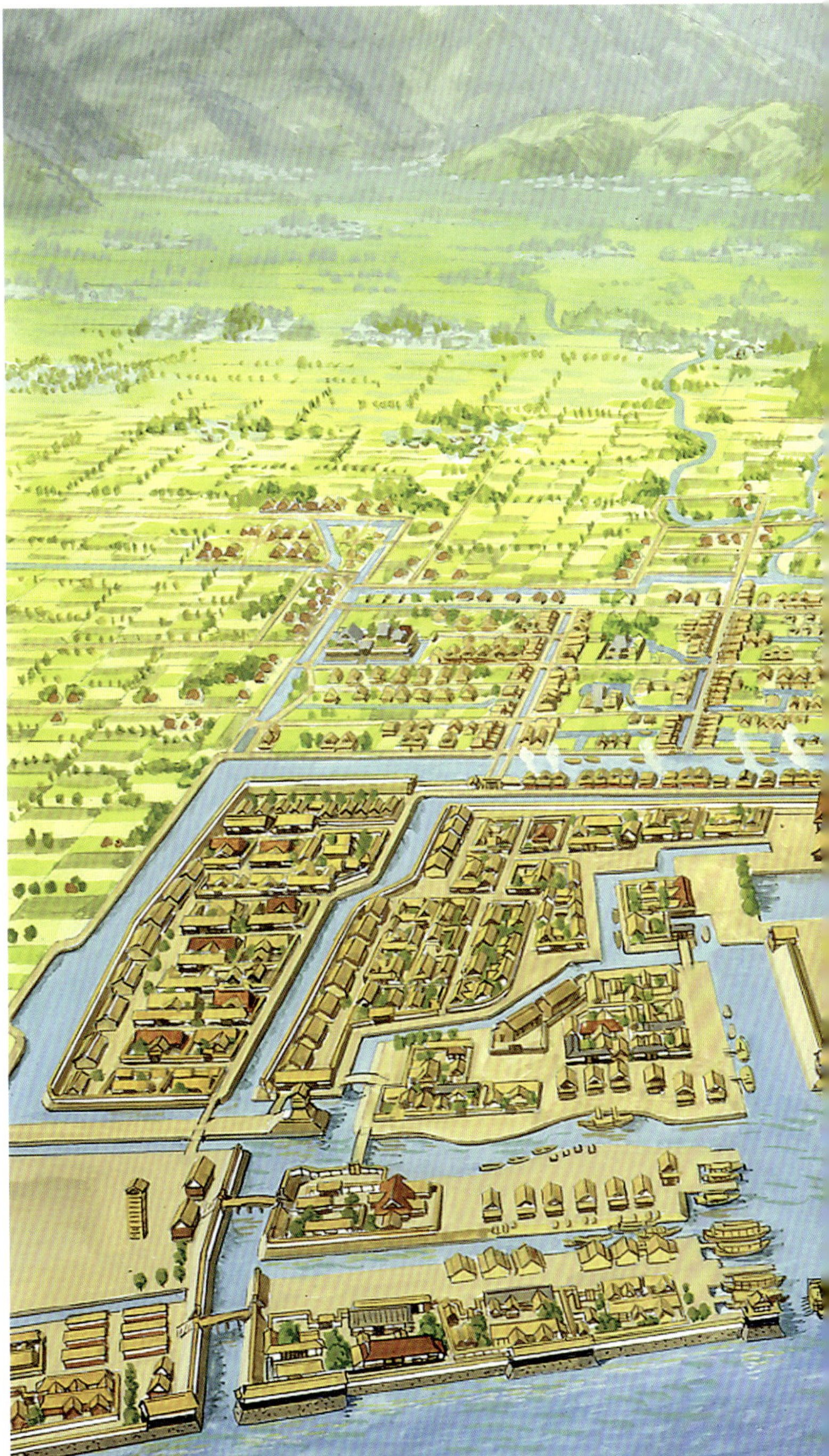

長浜城推定復元図　監修：長浜城歴史博物館　イラスト：佐々木洋一

羽柴秀吉が築城した長浜城を、主に江戸時代や明治時代に描かれた絵図資料を基に、発掘成果を勘案して推定復元した図。向かって左が北であるが、天守閣がある本丸の北と、その南東に二つの湊をもつ水城であった。山内一豊が第三代城主として入城した際には、天守閣は破却されていた可能性が高い。

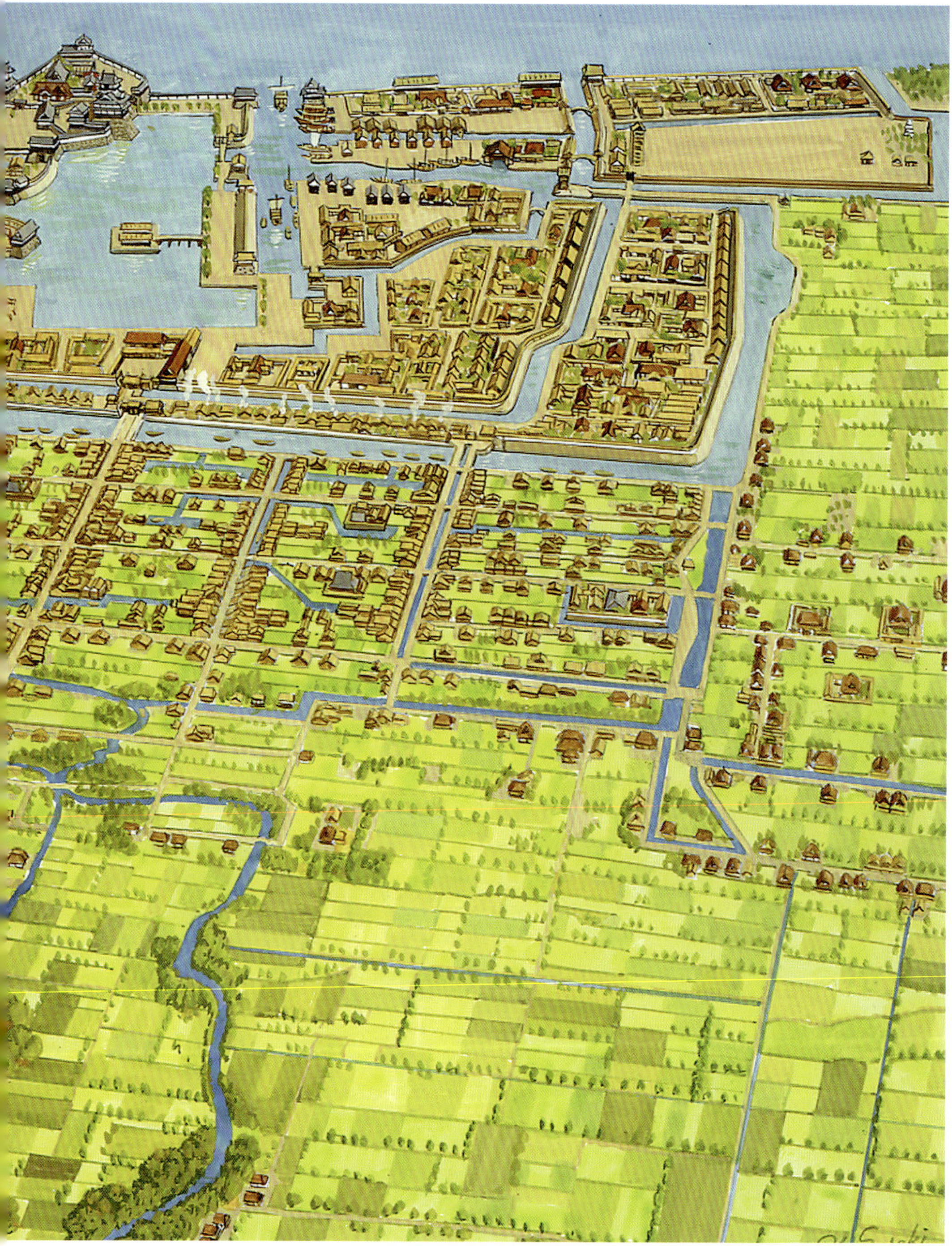

長浜城下町推定復元図　監修：長浜城歴史博物館　イラスト：佐々木洋一

羽柴秀吉が造成した城下町を、江戸時代の絵図や地名による復元研究を基に作画したもの。碁盤目状の整然とした街区は、秀吉による軍事優先ではなく、経済重視の城下町づくりを表している。一豊城主時代の天正十三年（一五八五）十一月二十九日に、長浜を大地震が襲うが、発掘調査で確認される焼土は、城下町でも大きな被害があったことを示している。

長浜城の築城と城下町

森岡　榮一

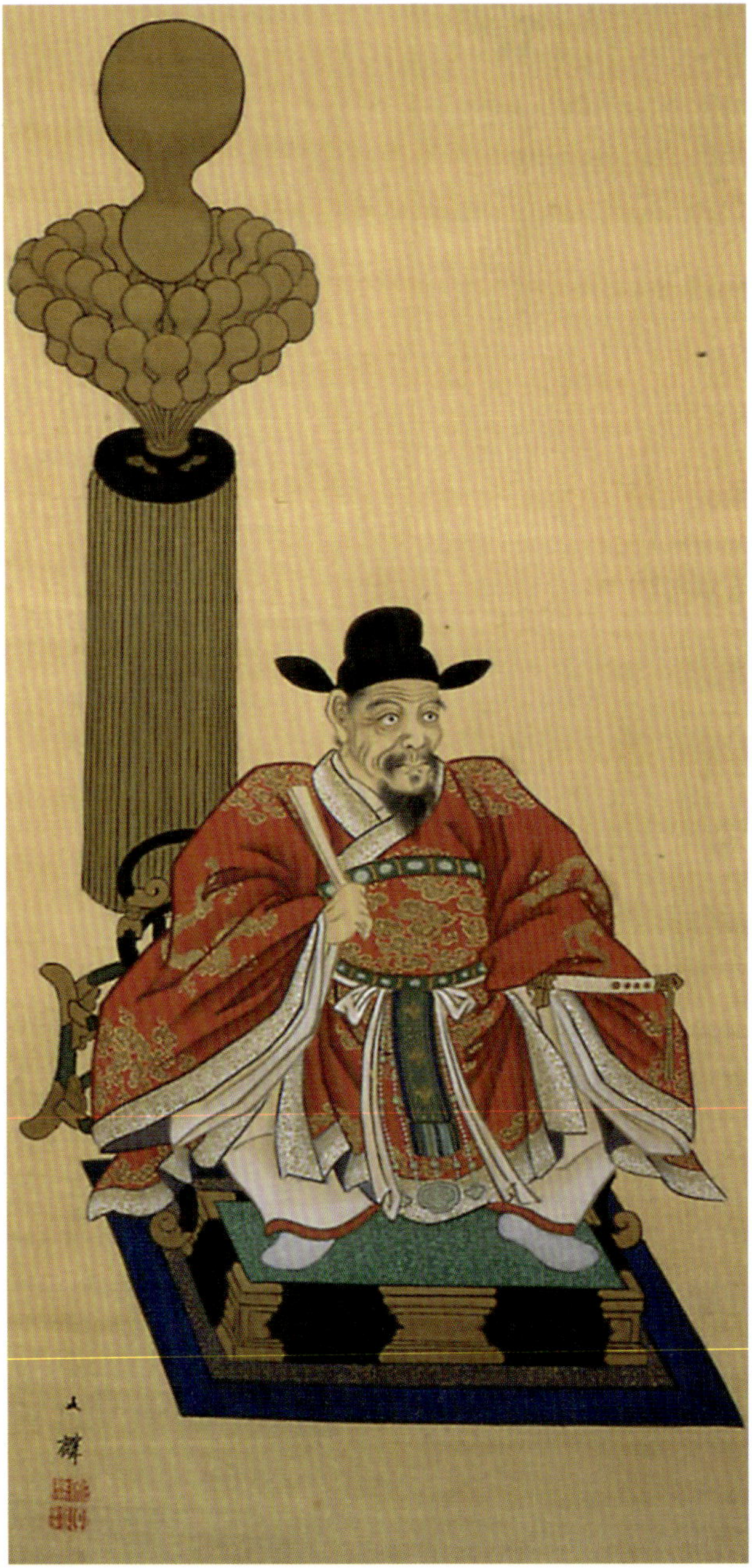

豊臣秀吉像　長浜城歴史博物館蔵
明治８年（1875）に、京都画壇の重鎮・塩川文麟（1807～1877）が描いた秀吉像。秀吉の馬印として、多くの人々に認識されていた千成瓢箪の馬印を、背後に立てている。江戸時代の豊公信仰に基づいて描かれた作品である。

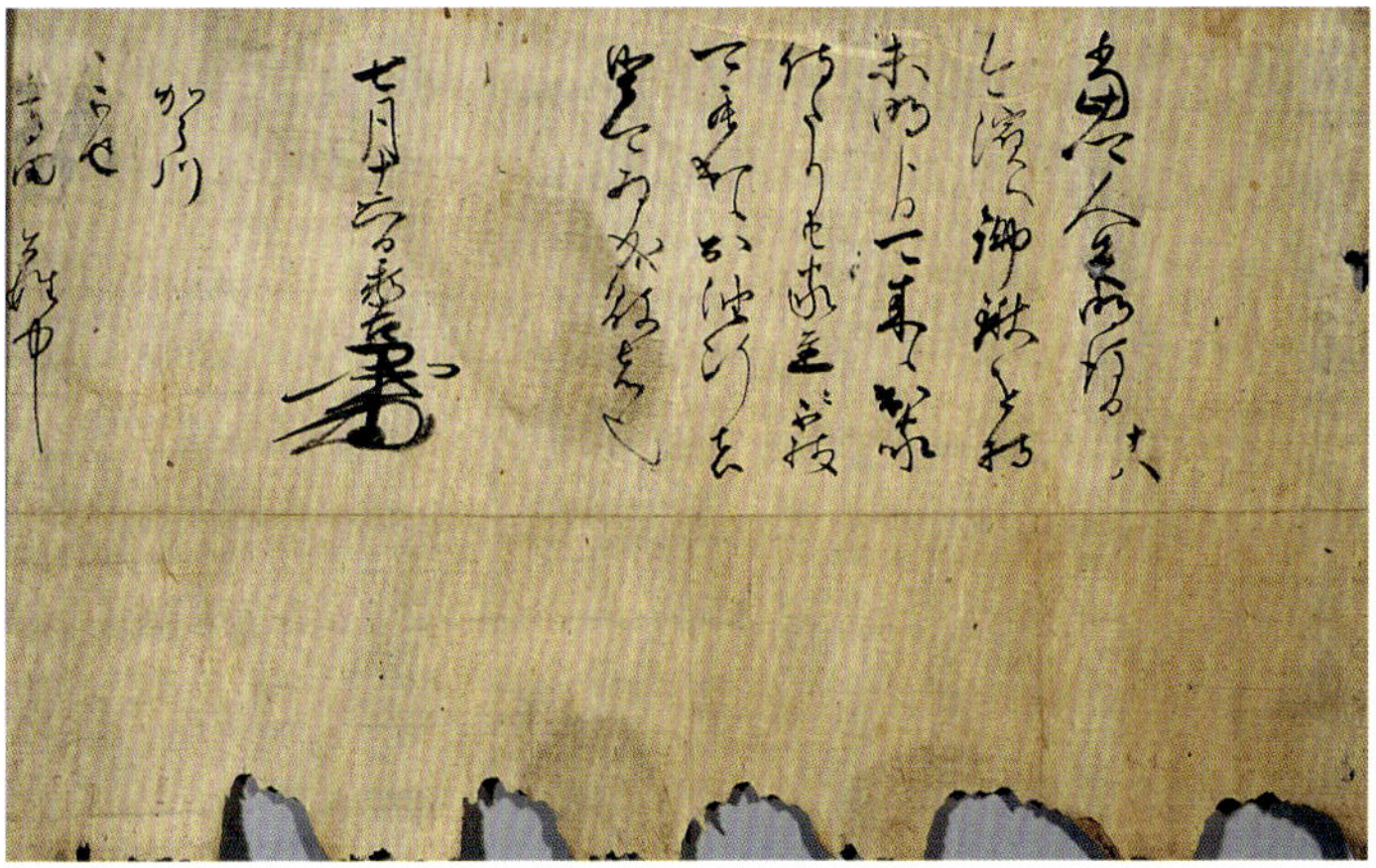

羽柴秀吉判物　長浜城歴史博物館蔵
羽柴秀吉が、伊香郡唐川・布施・高田（伊香郡高月町唐川・布施・東高田）三ヶ村の百姓に対して、長浜築城のための人夫を、一軒に一人ずつ出すよう命じた文書。築城にあたっての百姓動員令は、これまでも二例知られていたが、本書は平成十六年に発見された新出文書。

秀吉の長浜築城

天正元年（一五七三）九月一日、小谷城本丸を織田信長が攻撃し、浅井長政はこれを支え切れず、赤尾屋敷に入って自害した。ここに、江北において五十有余年にわたって覇をとなえた戦国大名浅井氏が滅亡した。信長から北近江の所領を与えられた秀吉が、今浜（後の長浜）に築城を開始した時期であるが、天正二年（一五七四）春頃と推定される。準備は同年早々に始まったことは疑いない。これは、その年の正月二十三日付で秀吉から竹生島宝厳寺に対して、浅井長政が預けていた材木の引き渡しを求めているからである。もっとも、引き渡しは、秀吉方の都合で三月に延期されている（竹生島文書）。

また、秀吉は綱に使用する「藤」の徴発を浅井郡山田郷（東浅井郡湖北町上山田・下山田）の農民に命じている。年次が不明であるが、この藤綱も築城用の資材とも推定される。築城にともなう土木工事（普請）には、領内の住民が駆り出されたと推定される。今浜近郊の農民等が徴用されたことは、坂田郡平方村《ひらかた》（長浜市平方町）や浅井郡下八木村《しもやぎ》（東浅井郡びわ町下八木）に出された秀吉文書によって裏付けられる。

この二通の文書は、無年であるが、天正二年（一五七四）か翌三年のものと推定される。ただし、後述するように天正三年八月の段階では、作事（建築）もかなり進行しているため、天正二年の可能性が高い。旧暦六月の炎天下、秀吉は湖北の農民や僧侶・商人・土豪（地侍）・その被官（奉公人）は、鋤《すき》・鍬《くわ》・もっこを持参して作業に出ることを厳命している。また下八木地下人中宛の文書では、追而書《おってがき》（追伸）があり、農繁期を配慮してか、「時分柄《じぶんがら》」つまり時期が時期だから、一日だけの出役を命じている（「一日之《これ》やといたるべく候」）。秀吉の領民にたいする配慮がうかがえ興味深い。

また今浜（長浜）築城にあたっては、領内の農民や職人だけではなく、領外の人々や物資も徴発されている史料が確認される。『鴻溝録《こうころく》』では、湖西の大溝湊《おおみぞみなと》（高島市勝野）で、築城用物資等の運搬のために船三艘《そう》が徴発され、水手《すいしゅ》（船頭・かこ）が七十日余の間今浜に詰めたと伝えられる。さらに、近江国内の範囲を越えて隣国美濃の揖斐郡《いびぐん》には、この時期の羽柴秀吉書状が伝来している。

西美濃からの資材徴用

この文書は、秀吉が「普請・作事」にあ

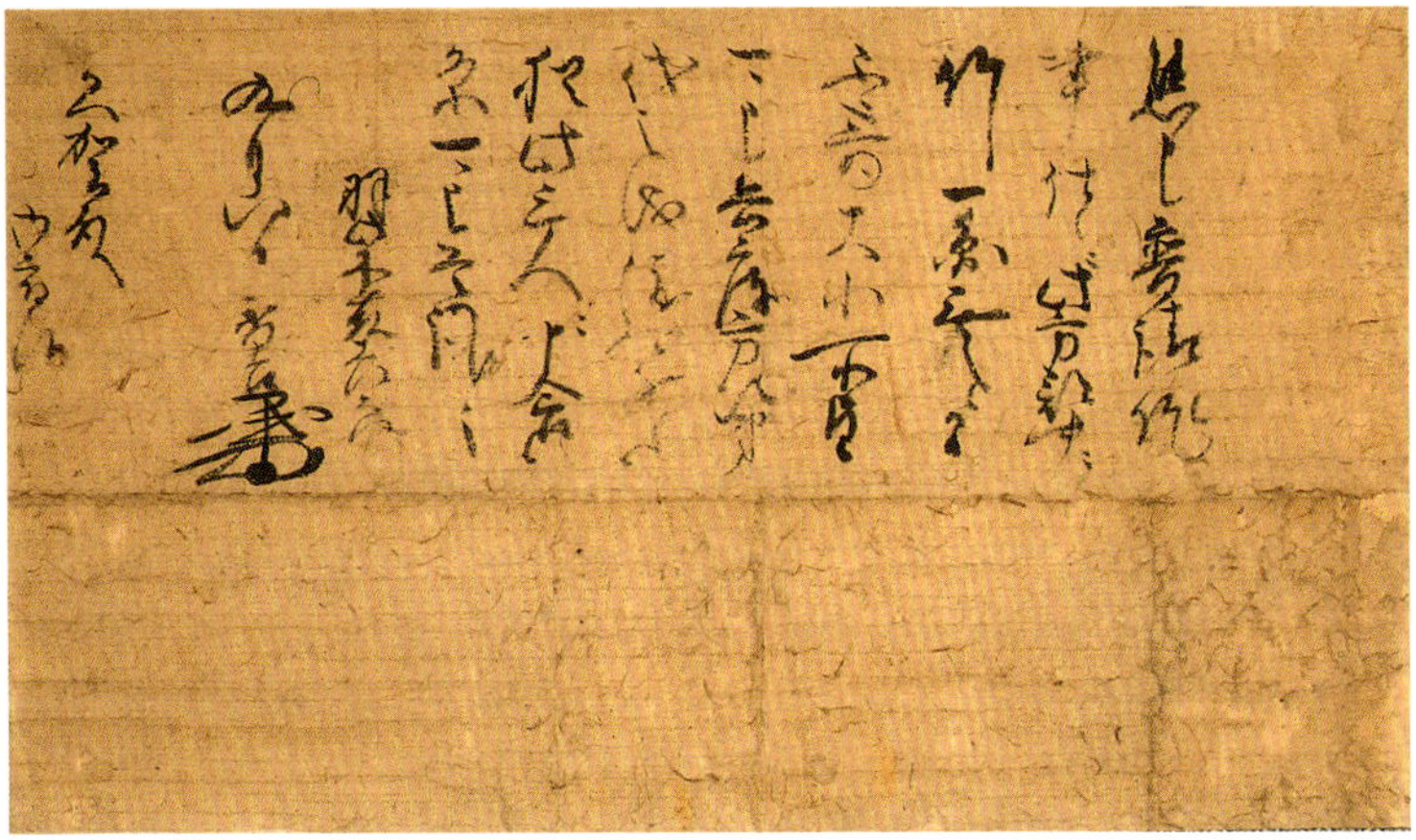

羽柴秀吉書状　個人蔵
秀吉が長浜築城に当り、美濃国池田郡日坂村（岐阜県揖斐郡揖斐川町日坂）の地侍久賀氏に対して建築資材用の竹の調達を依頼した文書。秀吉の署名などから、天正二年（一五七四）のものと推定される。

たって、自分の領地湖北三郡内には竹がないので、長さの大小によらず必要なので差し出すよう美濃国池田郡日坂村《ひさかむら》（岐阜県揖斐郡揖斐川町日坂）の地侍久賀氏に命じたものである。代金については、「兵庫方」で沙汰する旨を記している。署名が「羽柴藤吉郎秀吉」となっているが、秀吉が羽柴姓を名乗ったのは、浅井氏の小谷城を落城させた天正元年（一五七三）九月頃からであり、「藤吉郎」を改め「筑前守」を官途《かんと》として用いるようになったのは、天正三年八月からである。したがって九月八日の日付がある本文書は、天正元年か翌二年のいずれかに出されたものであろう。

　この時期に秀吉のかかわっていた普請・作事は、今浜（長浜）築城しか考えられない。しかし天正元年九月八日では小谷落城直後（九月一日）であり、今浜築城にかかっていたとは考えがたいため、本書の年次は天正二年と推定される。小谷城修築用の可能性もあるが、後述するように伝来した旧家では、「長浜築城」にかかわるものとの伝承があり、秀吉の今浜（長浜）築城にかかる土木・建築工事は、領内の人々はもちろん、その近隣の人々まで巻き込んだ一大事業であったことが証明された。日坂の土地は、周囲の山でかつては良い竹が取れたといわれており、秀吉もこの点に着目して、竹の調達を命じたものであろう。

　本書が伝来した「久賀」家の子孫である旧家では、前述したように、本文書は長浜築城に関係する資料であるとの言い伝えがある。久賀氏は、もと美濃国の守護土岐《とき》家に仕えた武士といわれ、主家が斎藤道三に滅ぼされた時に日坂に逃げて、地侍となったといわれる。江戸時代になってからも、大垣藩北山筋の大庄屋役を勤め、寛文九年（一六六九）には年貢諸役と四壁の竹木を免許されている。

　日坂は、新穂峠《しんぽとうげ》を越えると旧浅井郡の甲《こう》津原《づはら》村（米原市甲津原）に、広瀬（岐阜県揖斐郡揖斐川町）を経て鳥越峠《とりごえとうげ》を越えると高山村（東浅井郡浅井町高山）へ抜けられ、これが坂内からの「長浜街道」との記載のある文書（戸長役場文書）もあるという。（『坂内村誌　民俗編』）つまり日坂は、秀吉所領である湖北と指呼の距離にあり、近年まで生糸の繭《まゆ》や美濃紙を長浜に出荷するなど、湖北地域と表裏一体の濃密な交通があった。秀吉による竹調達の命令も、この通行上の利便さを考慮に入れたものであろう。

　この史料は、今浜（長浜）築城に美濃の人々の協力もあったことが判明した重要な

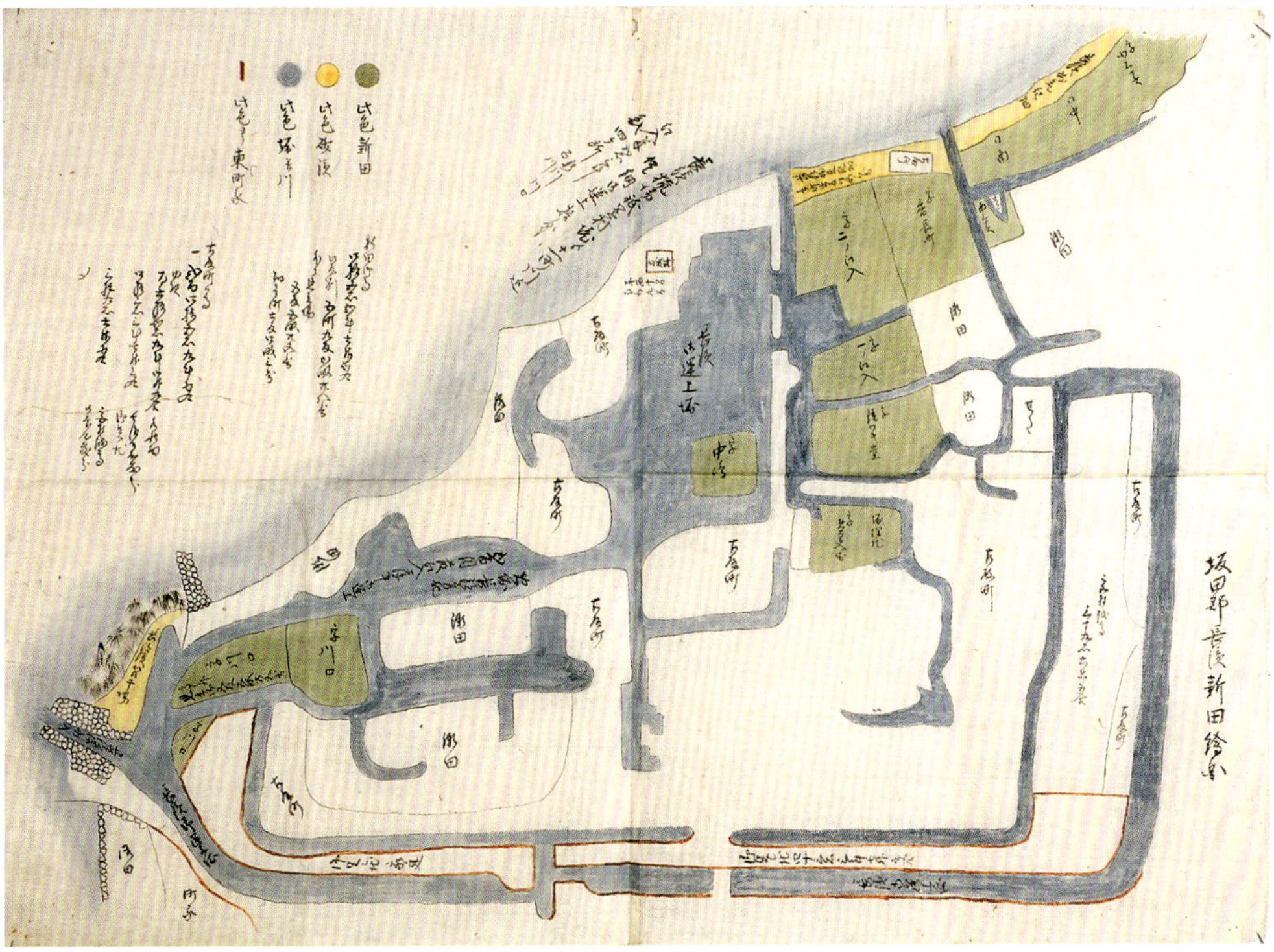

坂田郡長浜新田絵図　長浜城歴史博物館蔵（中村林一コレクション）
元和元年（1615）に廃城となった長浜城跡には、江戸時代に３つの村がおかれたが、長浜新田はその１つ。他に、古殿町・瀬田町村の領域があった。絵図中で草色の部分が、長浜新田の領域で散在的に存在していたことが分かる。一方で、北（図の右側）から東に回る外堀など、長浜城の輪郭線をよくとどめており、その縄張研究の基本資料となる。

資料であり、中世以来の西美濃と北近江の密接な関係を裏づける貴重な文書でもある。秀吉時代の長浜城の規模・縄張《なわばり》は、よく判っていないが、高石垣を積んで櫓《やぐら》などの建造物を建て、瓦を葺《ふ》くという本格的な工事で、城を築く作業はかなりの時間を要したことは疑いない。

長浜城の竣工

長浜城の工事が完成した時期については、明確な史料は存在しない。しかし、天正三年（一五七五）八月に主君織田信長が越前一向一揆と戦った時、信長は湖北に進軍し、十三日に「大谷羽柴筑前守所に御泊」とあり（『信長公記』）、「大谷《おだに》」は小谷城のことであるから、この時点では秀吉は小谷城に居たことがわかる。

さらに「国友助太夫（斉治）家文書」の中に、慶長五年（一六〇〇）七月十八日付石田三成判物によれば、国友鉄砲鍛冶は「天正三年長浜ニ太閤様御座《ござ》候《そうろう》已来《いらい》の法《はっ》度《と》」に従うよう命じている。この文書は、側近中の側近である石田三成が、秀吉は天正三年には長浜城に居城していたと明確に記しているため、『信長公記』の記事とを勘案して、秀吉の今浜入城は同年八月以降から年末までと限定できるだろう。

小谷城清水谷　東浅井郡湖北町
小谷城内で家臣団屋敷・浅井氏の御殿、それに徳勝寺や知善院などの寺社があった清水谷の現況である。向かって右上の山上に、郭が連なった小谷城の主要部分があり、正面の小谷山や、左側の峰にも城郭が築かれていた。天正元年（一五七三）九月一日、秀吉はこの谷から攻め上がって浅井氏を滅亡に追い込んだ。

また同年八月に秀吉は、長浜の畳指《たたみさし》に諸役免除の特権を与えている。これは、城中の建物に畳を入れた畳指に、その功績を賞するために諸役免除の特権を与えたものであろう。この頃城内の建築物に畳が入ったということは、内装工事がかなり進行していることを意味し、やはり同年暮れまでの入城を裏づけていると推定される。

　また、次の羽柴秀吉判物（個人蔵）は、小谷城の廃城について示唆《しさ》を与えてくれる。

伊部《いべ》方の内城山の事とらせ候、牛馬持ち候て、別《わけ》て耕作方仕《つかまつ》るべき者也《なり》、
天正五年
卯月十日　秀吉（花押）
伊部郷百姓中

　この文書は、秀吉が小谷城下町であった伊部郷（東浅井郡湖北町伊部）の農民に対して、小谷城内を明け渡すので、牛馬を使用して城内で耕作しても良いと許可を与えたものである。おそらく、山腹の本丸などの曲輪《くるわ》ではなく、清水谷などの居館があった谷での耕作を指しているのであろう。耕作を許可したことは、秀吉が小谷城の居館を城郭として利用する意志がないことを示し、小谷城の廃城時期は、天正五年（一五七七）四月頃に確定できるだろう。また、長浜城が竣工したため、小谷城の必要性がなくなったとも考えられ、長浜城の工事は秀吉が入城した天正三年以降も続けられ、完成まで三年以上もかかった大工事であったことが判明する。

長浜城下町の創始

　今浜に城を築いた秀吉は、城下町を造成して、今浜の地名を〝長浜〟と改称する。新領主が占領地の地名を変える例は、秀吉の主君信長が、稲葉山城と城下町「井の口」を「岐阜」と改名したように、珍しいことではない。ただ「今」を「長」に変えた理由であるが、秀吉が追従で主君信長の「長」の字をもらったとする説もある。人名では偏諱《へんき》といって、名乗りの一字を貰うこともあるが、地名についてはその例は寡聞《かぶん》にして聞かない。やはりこれは新しい城と城下が長く繁栄するように、「長浜」と名づけたと考えるのが良いであろう。

　城下町の町衆に対する施策としては、初期の段階から秀吉は、長浜町衆への年貢米と諸役を免除している。これは強制移住させられた町衆に対する、新造城下町優遇政策と考えられる。また多分この政策は、町

衆に対する御機嫌取りの意味あいもあったのであろう。ただ秀吉は、のちにこの優遇措置を一時停止させようとした。つまり領内三郡の百姓が城下に移住して、年貢や種々の雑税を納入しなくなるからであった。また百姓が農村を捨てて町に流入するのに、長浜町衆が関係していたからである。しかし、秀吉の妻「おね」が秀吉を諫《いさ》めて、年貢諸役免除は継続されている。（田辺耕平氏所蔵文書）

長浜開町四百年記念碑　長浜市南呉服町
昭和48年（1973）に長浜開町400年を祝って建てられた石碑。竹中重門（半兵衛の子）著『豊鑑』巻一に掲載された「君か代も　わか代も共に　長浜の　真砂のかすの　つきやらぬまて」（作者不詳）の和歌が碑文として彫られている。

浄土真宗と秀吉

秀吉は、長浜町民に年貢と諸役免除の特権を与え、町の安定と人心収攬《しゅうらん》をはかろうとした。しかし、浄土真宗の根強い基盤を背景に、信長と戦う石山本願寺から湖北十ケ寺の真宗門徒や長浜町年寄り・町衆などに相次いで指令が出されており、必ずしも秀吉の統治が行き渡っていたとは言い難い。

そもそも湖北に浄土真宗が広まったのは、鎌倉時代末期から室町時代の初期にかけて、本願寺三世覚如の頃といわれ、この頃に開基したり改宗したと伝える寺院も数多い。その後、本願寺と北陸・東国を結ぶ交通の要衝にあたる湖北は、浄土真宗の勢力拡大のため重視された。特に第八世蓮如以降の発展は目覚ましく、天文年間（一五三二～五五）には「北郡坊主衆」・「北郡番衆」と呼ばれる湖北真宗教団を形成していった。この組織を背景に湖北十ケ寺は、浅井長政と結んで織田信長と戦い、浅井氏の滅亡によって、この一向一揆は敗れるが、湖北真宗教団は石山本願寺と共に信長への抵抗の姿勢をくずさなかった。

湖北を領有して以降の秀吉は、湖北十ケ寺を弾圧したという形跡はあまりない。ただ所領の安堵はほとんど行われていない。また寺伝によると金光寺《こんこうじ》（長浜市十里町）が石山合戦後に一時退転し、慶長元年（一五九六）頃再興されたという。また称名寺《しょうみょうじ》（東浅井郡浅井町尊勝寺《そんしょうじ》）の五代目「性慶《しょうけい》」は、天正元年（一五七三）浅井氏滅亡後に逃亡し（追放されたのか）、天正十年七月一日赦免され、尊勝寺への帰還と六十余石の寺領と寺屋敷が与えられたことがあるぐらいである（天正十年七月一日付「羽柴秀

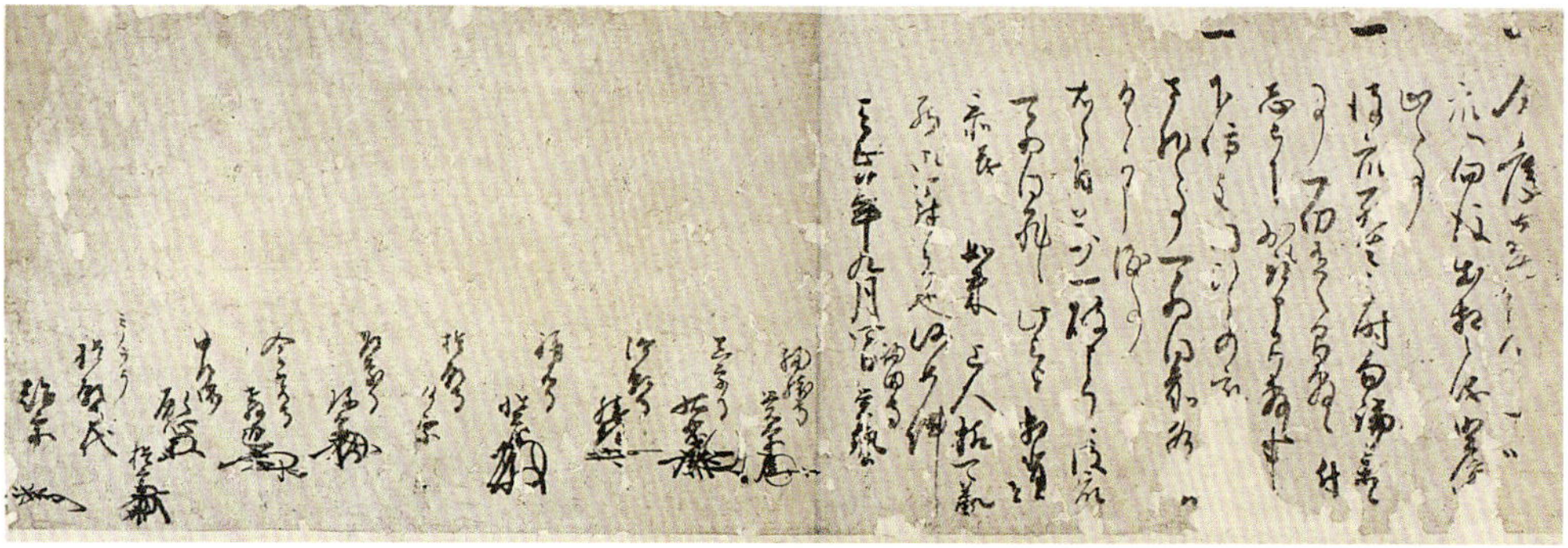

湖北十ヶ寺連判状　誓願寺蔵

戦国大名浅井氏と共に、織田信長と戦った一向一揆は、「湖北十ヶ寺」と呼ばれた真宗寺院によって組織されていた。本書は、その「十ヶ寺」の名前が具体的に分かる唯一の資料。天正8年（1580）に起きた湖北真宗教団内の対立に関わる文書と推定される。

吉・於次秀勝連署状」称名寺文書）。

一向一揆の発展

そして、天正八年（一五八〇）九月四日付の湖北十ケ寺連判状が残されており、少なくとも天正年間（一五七三～九二）に湖北十ケ寺の連合は維持《いじ》されていたことがわかる。町衆内の門徒たちも、弾圧や妨害・転宗が勧められた形跡がまったくない。

天正五年五月、本願寺は湯次誓願寺《ゆすきせいがんじ》（東浅井郡浅井町内保）門徒に、鉄砲と弾薬を大坂まで持参することを命じた。同年閏七月には長浜町年寄たちに、軍資金調達を依頼するなど、町衆たちはしばしば本願寺を支援していたことが伺える。天正八年三月、信長と石山本願寺が和議を結ぶと、湖北一向宗徒は徹底抗戦を叫ぶ教如に与し、その檄文を給付されている。またこの前後に残された古文書より、江州北郡坊主衆と町衆を含む門徒たちは、教如の籠城《ろうじょう》する石山本願寺に軍資金と鉄砲隊を送り込もうとしていたことが分かっている。

また長浜町衆は、結束を固めるため「血《けつ》判《ばん》阿弥陀如来像《あみだにょらいぞう》」二幅を作成している。これは信仰の対象である阿弥陀如来像に署名・血判したもので、強固な団結を誓う激しい決意の昂揚《こうよう》がなければなされ得ないものであろう。その意味で、天正八年石山本願寺開城の際に、この血判阿弥陀如来像が作製されたと推定される。

なお、信長と本願寺が抗争中に、長浜町衆の門徒は、秀吉に隠れて常に長浜町内の某所に集まり、本願寺後援の密議を計ったという。これを「総会所《そうがいしょ》」と称していたが、後年これが長浜町内の「大通寺」に拡大発展していったという。

秀吉の湖北支配には、強制移住や強制労働等はあるが、弾圧や圧制・虐殺《ぎゃくさつ》はまったくない。これは湖北・長浜の民衆を大切にした表れであると考えられる。城下町も解放的な造りで、商業重視であるのは言うまでもない。そして秀吉自身長浜に愛着をもっていたので、天正十九年（一五九一）五月に町屋敷の年貢米三百石を免除している。この特例は、長浜を除くと京都・大坂・大和郡山にしか出ていない。

また文禄年間に大坂城を訪問した町年寄りを「里《さと》（故郷）の者、来たれるか」と歓迎したという伝承が長浜に残っているが、秀吉の長浜町に対する心情をよく表していると思われ大変興味深い。

発見された秀吉時代の町屋

平成八年に長浜城下町の西本町に居住し

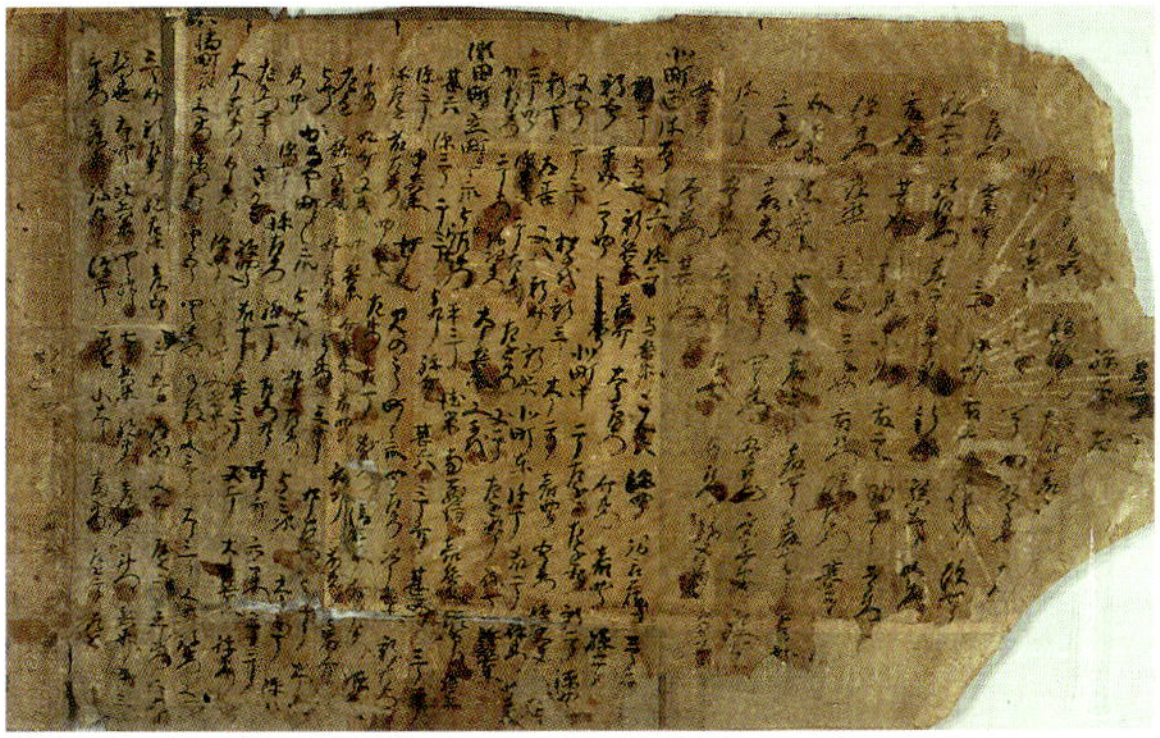

血判阿弥陀如来像　浄顕寺蔵
愛知県半田市の浄土真宗寺院浄顕寺に伝来した阿弥陀如来像２点である。１点は表面に、もう１点は裏面に、造成間もない長浜町の町民342人が署名し、血判を押している。天正８年（1580）石山本願寺開城の際に団結を誓う長浜町衆によって作成されたものとも考えられる。

た三年寄の一人「下村藤右衛門《しもむらとうえもん》」邸跡が発掘調査された。四時期の遺構面が確認され、その最下層から城下町開設当初の宅地割が検出された。この遺構は、天正十三年（一五八五）十一月二十九日夜に起こった地震の影響を受けて、町屋の建っていた整地層は陥没し、礎石は沈んだり、傾いてずれているものもあった。また地震直後に起こった火災によって焼土層ができ、出土した遺物が焼損を受けていた。

この遺構面より下は、低湿地で遺構・遺物ともになく、整地層は造成して出来ていることが判明した。つまりこれらの町屋・出土品は、紛《まぎ》れもなく秀吉が造成した長浜町に居住していた、町衆の所持品であることが裏づけられた。

出土した遺物は、陶磁器・土師器・銅製品・瓦などに分けられる。特に陶磁器は、中国製の青磁香炉・輪花皿・白磁皿・青花《せいか》皿・青花盤《ばん》・茶壺、高麗茶碗、瀬戸天目茶碗・常滑《とこなめ》製大甕、軟質施《せ》釉《ゆう》陶器の灰匙《はいさじ》などがある。中国や朝鮮半島産の輸入品・茶器が多く、かなりの財力がないと購入できない青磁・白磁も所持していたことがわかる。

発掘調査と出土品から、この遺構は長浜町三年寄の一人「下村藤右衛門」の初期屋

大通寺本堂　長浜市元浜町

長浜御坊大通寺の本堂で、寺伝では伏見城の遺構と伝える。ただし、最近の調査では明暦３年（1657）に、当地で建造されたものと考えられている。重要文化財。大通寺は、一向一揆の集会所であった「総会所」を基として建立された寺院で、江戸時代においても湖北地域の真宗寺院の中核として栄えた。

敷跡と断定された。総礎石立ちの町屋で、庇《ひさし》の一部に瓦を葺いていた。北側に大きく間口を開き、東角に大きな土蔵があって、財力を誇示していたのである。藤右衛門は、茶を嗜《たしな》み、茶会では床に青磁盤や青磁香炉を飾り、料理などに青花皿を使用し、高麗茶碗を好み、これで茶を振る舞った姿が彷《ほう》彿《ふつ》とされる。

そして天正十三年十一月二十九日に住居が炎上した後、下村藤右衛門は、地震がおさまってから、焼けた柱を取り除き、崩れた壁土・焼土をならして、居宅（町屋）を建て直している。

近世城下町のルーツ・長浜

長浜城を築城し、城下町を大規模に造成して町の基礎を確立したのが秀吉であった。この近世城下町の雛形《ひながた》となった町には、城に対しての縦町優先の街路構成、それに家臣団屋敷と町屋を明確に画《かく》するなど、秀吉による新しい試みが随所に見られる。そして、これが成功したので、各地の城下町造成にそのプランが取り入れられるのである。文字通り長浜は、近世城下町のルーツといえよう。

山内一豊は、この城下町に、第三代城主として赴任《ふにん》することになった。

近江国坂田郡長浜大絵図　長浜城歴史博物館蔵

慶応３年（1867）に描かれた長浜町と城跡の絵図で、上船町で寺子屋を営んだ中川謙の作。町内の寺院を絵画的に描き、曳山の山蔵を記すなどの特徴をもっている。城跡部分は、古殿町・瀬田町村・長浜新田の３ヶ村を色分けしている。

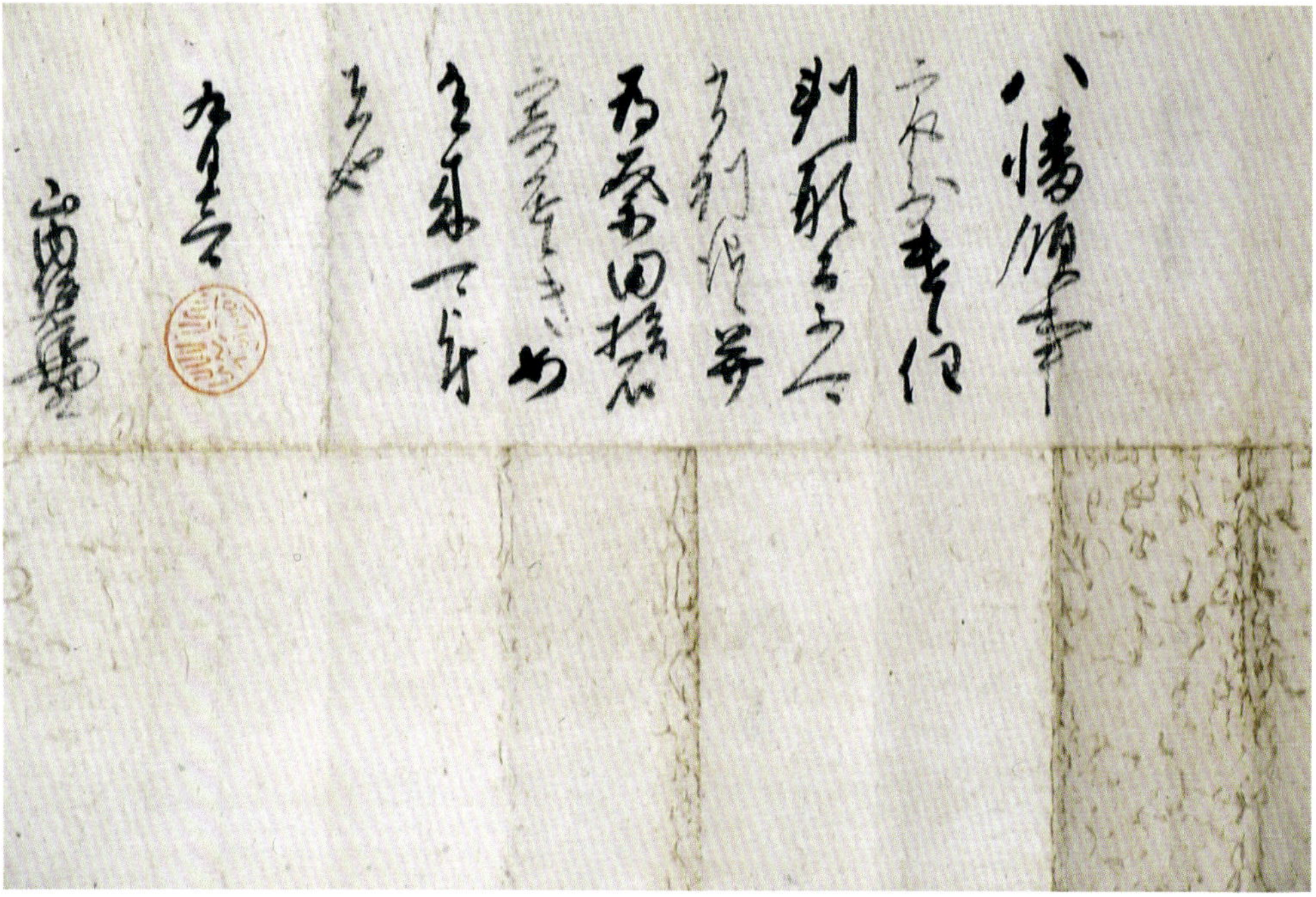

豊臣秀吉朱印状　長浜八幡宮蔵

豊臣秀吉が、天正13年（1585）9月12日、新たに長浜城主となった山内一豊に対して、従来の社領160石に、祭田として10石を加えて安堵した文書。160石は秀吉が長浜城主時代に社領として認めたものだった。『南路志』などによれば、一豊は社領を収公しようとしたが、社人の愁訴により、秀吉が10石を追加して再安堵したと伝える。

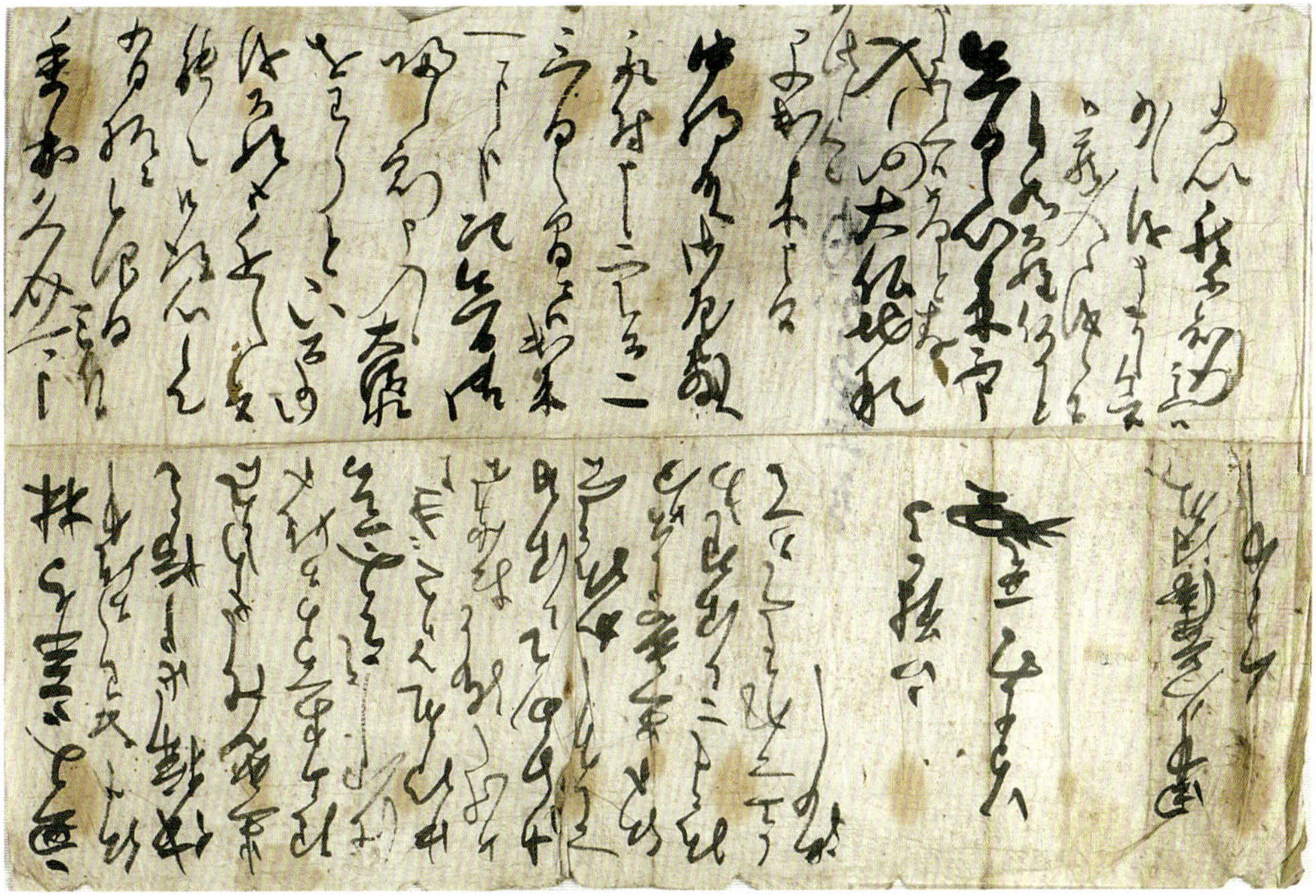

山内一豊書状　宮川家文書

長浜城主一豊が、坂田郡内の大清水（米原市大清水）と大原庄（米原市の大原地区）、上平寺（米原市上平寺）と大原庄との山論について、秀次直轄領なので裁定を、近江八幡にいた田中吉政に求めた文書。一豊は秀次直轄領の代官はつとめていたが、裁判の判決は秀次宿老筆頭の吉政に任せたものである。秀次政権内の役割分担を示して興味深い。一豊・吉政の官途名、方広寺大仏殿の地固めに当っている内容から、天正15年（1587）の書状であることが分かる。

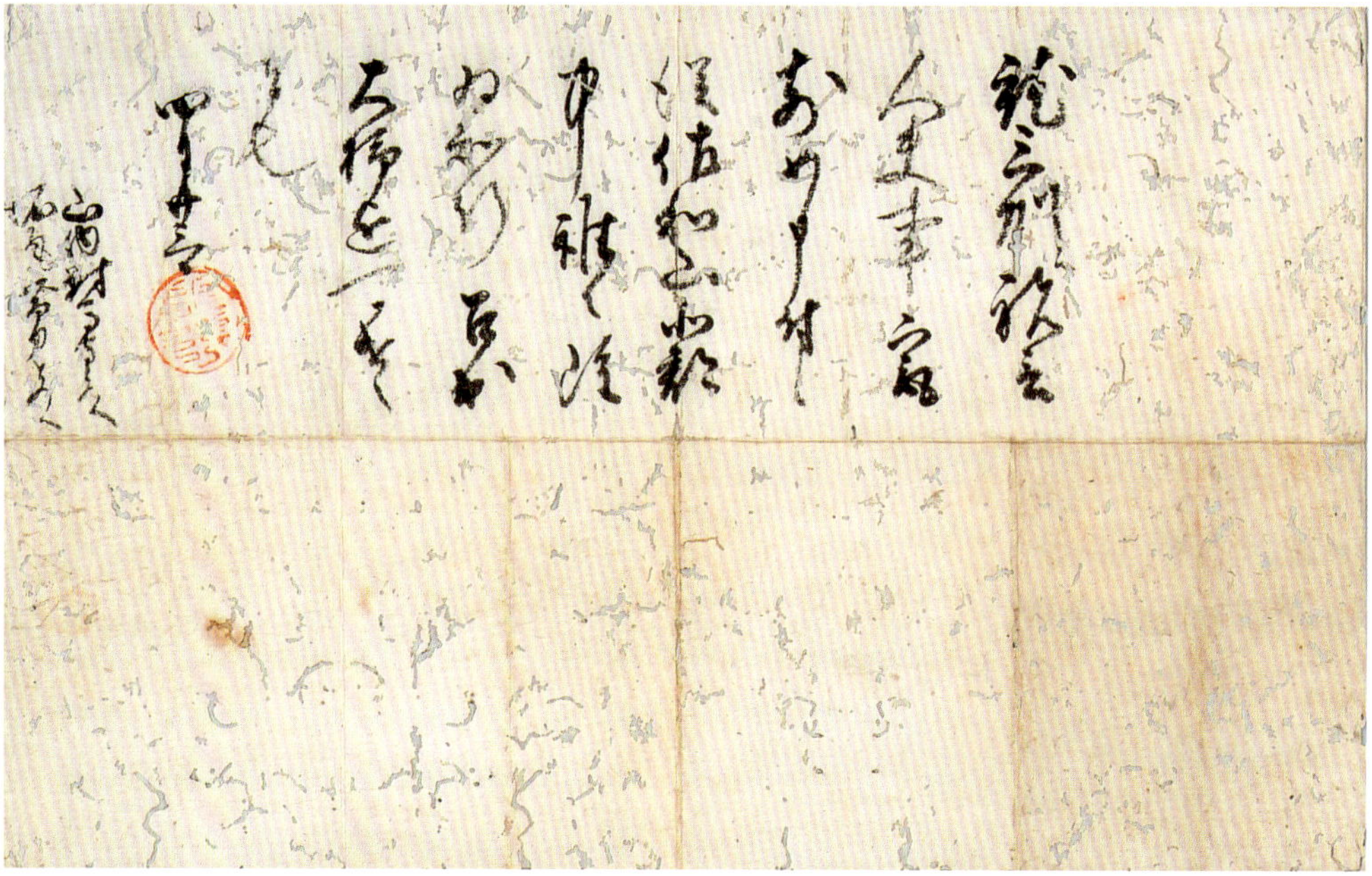

豊臣秀吉朱印状　安芸市立歴史民俗資料館蔵

天正14年（1586）４月23日付で、旭姫（秀吉妹）の通行にかかる人夫を徴発するよう、秀吉が山内一豊と堀尾吉晴に求めた文書。旭姫は家康との結婚のために、浜松城へ向かった。佐和山より北の湖北３郡から人夫を出し、大垣に集結させるよう命じられている。宛名の一豊は、長浜城主。吉晴は、佐和山城主。２人とも秀次宿老で、協力して北近江の交通支配を行っていたと考えられる。

紙衣（山内一豊使用）　土佐山内家宝物資料館蔵

天正14年（1586）、長浜において初めて行われた「紙衣《かみこ》」着用の正月儀礼を、山内家では「吉例」として藩政時代を通して続けた。本史料は、一豊使用のものであるが、家臣にも着用が義務づけられた。起源については、一豊が小身の時に困窮を凌ぐため着用したとか、寒中の暖衣として愛用したとか、さまざまな説がある。

土佐年中行事図絵　高知県立図書館蔵

高知城下の本町の通りで、毎年正月11日に行われていた土佐藩士による馭初《のりぞめ》の様子である。この藩主による閲兵式は、天正14年（1586）の正月、長浜で初めて行われた儀式で、これも「吉例」により掛川・高知でも催された。図は「土佐年中行事図絵」の一部で、馭初については他に2カットが収録されている。本作品は、画家下司凍月氏が戦前に模写し、戦後に高知県立図書館に寄贈したものだが、原本は行方不明となっている。

山内一豊の生涯

太田　浩司

黒田城跡　愛知県一宮市木曽川町黒田
岩倉織田氏の家老で、一豊の父である山内盛豊の居城。一豊もここで生まれたとされるが、岩倉出生説もある。

父の死と流浪

山内一豊は、天文十四年（一五四五）に、尾張国の守護代織田伊勢守家の家老・山内盛豊の三男として生まれた。この時代の尾張国は、守護の斯波《しば》家には、もはや勢力はなく、その家臣である守護代家や、その家老たちが実権を握っていた。守護代家の織田家は、二家に分かれて勢力を競っていたが、上四郡を支配していたのが盛豊の仕えた伊勢守家であり、下四郡を支配していたのが大和守家である。ちなみに、織田大和守家の三家老の一人が、織田信長の父・信秀であった。一豊の父・盛豊は、弘治三年（一五五七）に、その居城であった黒田城（愛知県一宮市）で、織田信長の攻撃にあい討ち死にした。この後、一豊一家の流浪

刀根坂　福井県敦賀市刀根
織田信長軍が朝倉義景軍を追撃した刀根坂の合戦場。北国街道沿いの集落である近江国柳ヶ瀬から、敦賀への中継点である越前国刀根に至る峠付近を指す。近江側からは倉坂峠、越前側からは久々坂と呼ばれ、伊能忠敬も通った近江・越前を結ぶ主要ルートの一つであった。

が始まる。なお、盛豊の没年については、永禄二年（一五五九）説もある。

山内家の史料によれば、当主を失った一家は、尾張国苅安賀城（愛知県一宮市）の浅井氏、美濃国松倉城（岐阜県各務原市）の前野氏、それに美濃国牧村城（岐阜県安八町牧）の牧村氏のもとへ寄寓することになった。さらに、米原市宇賀野の伝承では、永禄三年（一五六〇）までには、宇賀野村の長野家に落ち着くことになった。

その頃、一豊は母のもとを離れ、後に近江国膳所城（大津市本丸町など）の城主となる山岡景佐《かげすけ》（景隆とも）に仕え、天正元年（一五七三）までには織田信長や羽柴（木下）秀吉に仕える身になっていたことが、山内家の家伝に見えている。しかし、同家の史料で、一豊の武将としての活躍が具体的に追えるのは、天正元年（一五七三）の刀根坂の戦いからである。

刀根坂の戦い

天正元年（一五七三）八月十三日、織田信長による小谷城総攻撃に備えて、近江浅井氏の援助に木之本まで来ていた朝倉義景は、越前軍が布陣していた小谷城大嶽《おおずく》と丁《よお》野山《のやま》砦の開城を聞き、越前国への退却を始める。この時、追撃する織田軍と、退却する朝倉軍が死闘を演じた戦いが、刀根坂《とねざか》の合戦である。この刀根坂の位置は、現在の滋賀県余呉町柳ヶ瀬から、福井県敦賀市刀根に抜ける途中の倉坂峠（越前側では久々坂峠という）付近を指すと考えられる。この時代は、栃之木峠越えの北国街道は未整備で、越前への行き来はこの刀根越えが利用された。

この合戦、山内一豊は織田軍の一員として参加した。ところが、追撃の途中、敵将三段崎《みたざき》勘右衛門が放った矢が、一豊の左の「まなじり」から右の奥歯まで貫通してしまった。一豊は矢が刺さったまま、三段崎を組み伏せ、味方の大塩金右衛門の加勢により首を落とすことができた。そこに、家臣の五藤吉兵衛為浄が駆けつけ、草鞋《わらじ》のまま一豊の頭を押えて、矢を抜いたという話が、山内家や五藤家に残っている。

最初、五藤は鏃《やじり》を口にくわえて抜こうとしたが、一豊に足で踏みつけて抜くことを許され、今度は草鞋を脱ごうとしたが、一豊からそのまま抜けと言われ、草鞋で主人の顔を踏みつけたと伝える。この時抜かれた鏃と草鞋は、五藤家の家宝として大切に保管され、安芸城内（高知県安芸市）の安芸市立歴史民俗資料館に、今も保管されている。安芸は土佐藩山内家が成立してから、五藤家が家老として入部した城である。

なお、この話は、元亀元年（一五七〇）四月の越前国金ヶ崎からの退却時だとする説もあり、司馬遼太郎の小説『功名が辻』では、こちらの説を採用している。

唐国　東浅井郡虎姫町唐国

天正元年（1573）、浅井攻めの戦功を賞し、一豊が秀吉から初めて与えられた村である。所領高は400石であったが、江戸時代の同村の石高が629石余なので、ほぼ全村が与えられたと考えてよいであろう。後に一豊が長浜城主になった時の2万石の所領にも、唐国219石5斗が含まれている。平成17年5月に、集落南に記念碑が建立された。

初の領地・唐国

天正元年（一五七三）、一豊は湖北三郡の領主となった秀吉から、浅井郡唐国《からくに》（東浅井郡虎姫町唐国）の地に所領「四百石」を与えられた。江戸時代の唐国村の石高は、六百二十九石余であるから、一豊が拝領した太閤検地前の「四百石」という数字は、ほぼ唐国全村を含むと考えてよいだろう。なお、一豊は後に長浜城主となるが、その際の「二万石」の領地にも唐国の内「二百十九石五斗」が含まれている。

明治末年から昭和前期にかけて編纂された山内家の家史『一豊公紀』が引用する「山内家関係史跡探訪報告書」には、「唐国は近江東浅井郡にありて北国街道の一駅なり、…秀吉の居城たる長浜とは北里余を隔つる所にありて、実に北国の出入を扼《やく》するべき要地なりとす、秀吉が浅井氏の故地江北を領有し、その驍将《ぎょうしょう》一豊公をしてここに居らしめしは、蓋《けだ》し公をして北門の鎖鑰《さやく》たらしむるにありしものの如し」と記している。現在も地元の唐国では、集落の南にある中世城館跡・唐国城の跡を、一豊の館跡と説明している。

「鎖鑰」は「門」や「戸」のことを指すが、先の報告を読んでも、一豊が唐国に居住していたように思える。しかし、信長・秀吉はこの時代、家臣の城下町への集住施策を始めており、ましてや占領地であれば、秀吉がその家臣を、知行地（所領）に住まわせることは、まず考えられない。秀吉の家臣団たちは、最初に秀吉が入った小谷城の周辺、長浜城の築城の後は、その内堀と外堀の間に設定された屋敷街に居住したとみるべきで、一豊も例外ではないだろう。

　ところで、豊公園北側から長浜駅前に抜ける道が、ＪＲの線路をくぐる立体交差の手前南、現在マンションが建築中の場所に、「山内伊右エ門一豊屋敷跡」の石碑が立っている。この付近は、明治六年（一八七三）の「長浜町地籍図」によれば、字名を「伊右衛門屋敷」と呼んだ場所で、この地名は延宝三年（一六七五）の「長浜古城跡御検地帳」でも確認できる。「伊右衛門」は一豊の通称名であることから、長浜城主秀吉の家臣時代、一豊の居宅があった場所と伝えてきた。

　現在は、昭和六十二年に長浜観光協会が建立した先の石碑以外、まったく痕跡がなく、屋敷地と断定する根拠も地名以外にはない。しかしながら、場所は長浜城内堀と外堀の間、家臣団屋敷跡中にあり、ここが一豊の屋敷跡であるという伝承を否定する要素は見当たらない。この伝承が正しければ、一豊の妻・見性院もここに住まいしていたことになる。

秀吉・長浜城主時代の一豊

　羽柴秀吉の家臣として、長浜城内で生活した一豊については、ほとんど史料がなく詳しいことは何も分からない。ただ、秀吉の家族や家臣が、竹生島に金品を奉じた記録である「竹生島奉加帳」に一豊の名前が

山内伊右エ門一豊屋敷跡　長浜市公園町
明治6年（1873）の「長浜町地籍図」によると、当地周辺の字名が「伊右衛門屋敷」であることが確認され、この地名は延宝３年（1675）の検地帳にも見えている。「伊右衛門」は一豊の名乗りであることから、長浜城主秀吉の家臣時代の屋敷跡と推定されている。

高浜城跡　福井県大飯郡高浜町事代
海に向かって突出する岬にあった水城で、通称城山に主郭があり、平地に二の丸・三の丸があった。永禄８年（1565）に逸見昌経によって築城されたが、昌経が天正９年（1581）に敗死した後、城主は溝口秀勝・堀尾吉晴・山内一豊と変遷する。山内家の家伝記では、「高浜所務無き故」とあり、一豊による支配の実態はなかったと考えるべきであろう。

登場する。この帳面には、天正四年（一五七六）から同十六年に及ぶ総計百三十一人の奉加者が記されているが、秀吉自身の他、その妻妾・家族、有力な侍女、秀吉初期の家臣の名も多く見える。よく名を知られた浅野長政や宮部継潤の寄進に混じって、一豊は天正四年（一五七六）十月に五十疋（銭五百文に相当）を、竹生島に寄進したことが知られる。奉加帳には「山内伊右衛門尉」と署名し、花押（サイン）が据えられている。これが、現存最古の一豊花押であることは、特筆に値しよう。

　秀吉の長浜城主時代、一豊は秀吉の中国攻めに従って、播磨国（兵庫県）から因幡《いなば》国（鳥取県）・備中国（岡山県）へ転戦、天正五年（一五七七）には播磨国有年《うね》（現在の兵庫県赤穂市内）で七百石の加増を受けている。この間、その妻・見性院は、当然長浜で生活していたと考えられるが、取り立ててエピソードが伝わっていない。ただ、山内家の家伝では、信長が自刃した本能寺の変後、播磨国や河内国で加増を受けて、合計千五百石余の武将となった。

　その後、一豊は天正十一年（一五八三）の賤ヶ岳合戦や、翌年の小牧・長久手合戦にも従軍する。特に、賤ヶ岳合戦の前哨戦である、同年一月の伊勢国亀山城攻めでは、最も古くからの家臣であった五藤吉兵衛為浄が討ち死にしている。五藤家はこの後、為浄の弟・為重が当主となる。この人物が、浅井長政の家臣・若宮左馬助の娘「まつ」の夫となることは後述しよう。

「初長浜」と高浜

　山内家の「御家伝記」では、天正十二年（一五八四）九月に、一豊は近江国長浜の地を与えられたとし、「初の長浜と云ハ此時の事なり」と記す。さらに、翌年六月二

長浜城　長浜市公園町
現在の天守閣は、昭和58年に再興されたもので、内部は歴史博物館となっている。周辺の豊公園は、桜の名所として名高い。安土桃山時代の天守閣は、現在の天守閣の北西にある小山に建っていた。羽柴秀吉が天正２年（1574）から築城し、同10年（1582）まで居城とした後、天正13年（1585）から５年間にわたり山内一豊が城主をつとめた。

日には、若狭国西懸郡一円と高浜城を与えられたとある。この「初《はつの》長浜」と高浜への転封については、「御家伝記」など山内家伝来の史料以外では、まったく裏付けることができず、事実関係の確認ができない。

　まず、前者であるが、天正十二年段階の長浜は、前年の賤ヶ岳合戦後から佐和山城主となった堀秀政によって統治されていたとみるのが最も一般的である。特に、長浜側に「初長浜」に関する伝承がまったく残らないのは、この説を積極的に支持し難くしている。後者の高浜は小浜の西に位置し、現在の福井県大飯郡《おおいぐん》高浜町の中心部である。ところが、西懸郡という郡は、若狭国に実在しない。高浜がある地域は大飯郡である。この根本的な矛盾を見ると、高浜拝領にも疑問符をつけたくなる。「御家伝記」でも、高浜拝領については「高浜所務無き故」と記されており、事実だとしても一豊統治の実態はなかったと考えるべきであろう。

　この時期の一豊の行動を追える史料が、長浜城歴史博物館の館蔵品として存在する。天正十三年（一五八五）七月十七日の豊臣秀吉朱印状で、越中富山の佐々成政を秀吉が攻めた時の陣立書である。ここに前田利家を一番として、五番編成の軍団が記されているが、その三番を構成する六人の一人として「山内伊右衛門尉殿」が見え、七百人の部隊が記されている。右隣には、この直後に豊臣秀次付の宿老として、同僚となる堀尾吉晴がおり、左隣には佐藤秀方・遠藤胤基・遠藤慶隆と美濃の諸将が並ぶ。

長浜城主・山内一豊

　天正十三年（一五八五）閏八月二十一日、秀吉は山内一豊に湖北において二万石を与え、長浜の城主とした。秀吉・柴田勝豊に

豊臣秀次像　瑞泉寺蔵
秀吉によって死に追いやられた秀次とその一族を弔うため、京都三条大橋西に建立された瑞泉寺に伝来した秀次像。秀次は天正十三年（一五八五）から近江八幡城主として、近江・西美濃四十三万石を統治するが、一豊はその宿老の一人として長浜城主となった。

次いで、三代目の長浜城主である。山内家では先の「初長浜」に対して、この天正十三年の転封を「後《のちの》長浜」と呼んでいる。この時の知行地については、戦前まで山内家に、秀吉による領地目録の原本が残されていた。現在もその写しは残るので、詳細にその村落名が知られる。その範囲は、現在の長浜中心部を指す八幡庄から、坂田郡・浅井郡・伊香郡にわたっており、初の所領であった浅井郡唐国村も二百十九石余として計上されている。

　ただ注意を要するは、彼の知行高が二万石であった点である。秀吉の長浜城主としての知行高は正確には分からないが、湖北三郡全域であり、一般的には『武功夜話』などの説を取って十二万石とされる。すなわち、湖北の三郡の村々は、すべて秀吉の統治下にあったのである。これに対し、二万石で入国した一豊は、その領地目録を見ても、湖北三郡すべてを所領としていた訳ではない。現在の長浜市内で領地内に含まれるのは、先ほど触れた八幡庄と、相撲《すまい》村・祇園村・榎木村・加納村の四ヶ村のみである。これ以外の村は一豊の所領外で、一豊の主君に当る豊臣秀次の直轄領であったと考えられる。

秀次家臣団と一豊

　実は、一豊が長浜城主となったのは、厳密に言うと秀吉の家臣としてではない。秀吉は、天正十三年閏八月二十一日、近江国の支配を、甥の豊臣秀次に託し、近江八幡城を与えた。その際、秀次を補佐する数人の宿老を付属させる。秀吉が秀次に与えた知行宛行状の文面が知られているが、そこには秀次自身の知行地二十万石にプラスして、宿老分二十三万石が記されている。秀次が秀吉から拝領した四十三万石の地は、秀次付の宿老たちの所領も含まれていた訳だ。

　この秀吉から秀次に付けられた宿老の一人が山内一豊であり、長浜の二万石は城付の所領で、先の宿老分二十三万石に含まれていると考えられる。一豊以外の宿老としては、水口城に入った中村一氏、佐和山城に入った堀尾吉晴、大垣城に入った一柳《ひとつやなぎ》直末、それに近江八幡城で秀次を補佐した、宿老筆頭格の田中吉政を上げることができる。

　すなわち、山内一豊は秀吉直属の武将として長浜城主になった訳ではなく、近江支配を行う秀次家臣団の一員として、長浜城に入ってきたのである。先述した通り、湖北における一豊の所領以外は、豊臣秀次の直轄領であったと考えられる。この点は、

田中吉政像　個人蔵
近江八幡城主秀次の筆頭宿老であった田中吉政の画像。一豊にとっては同僚に当る。事実上、城主不在の八幡にあって、近江・西美濃の統治を行った。特に秀次直轄領に関る裁判などは、吉政が裁定を下していたと考えられる。近江浅井郡出身で、この後は三河国岡崎城主、関ヶ原合戦で石田三成を捕縛した功などにより、筑後国柳川城主となる。

一般によく理解されていない点である。

　なお、一豊は長浜城主の後、遠江国に転封となるが、これも秀次家臣団の一員としての配置替えであった。天正十八年（一五九〇）の小田原攻めの後、東海地方を領していた徳川家康が、関東へ転封となった。代わりに、秀次とその家臣団は、家康旧領に入ってくる。秀次自身は尾張国清洲城主となり、田中吉政が三河国岡崎城主、堀尾吉晴が遠江国浜松城主、中村一氏が駿河国駿府城主となり、山内一豊は遠江国掛川城主となる。その後、文禄四年（一五九五）に豊臣秀次は失脚するが、一豊はじめ宿老たちはほとんど連座せず、この東海地方の武将配置は関ヶ原合戦まで堅持された。

一豊の領内政治

　天正十三年（一五八五）閏八月、長浜城主として湖北に入った一豊は、早速に領国政治を開始する。まず、秀吉からの命を受けた。秀吉は一豊に対して、領内の寺社領を安堵すべきことを、九月十三日付朱印状で一斉に伝えている。その朱印状では、秀吉が長浜城主だった頃、これらの寺社へ許した権利を、一豊も守るよう記されている。現在は、長浜八幡宮・舎那院・総持寺にしか残存していないが、湖北一円の寺社に出されたものと推測される。また、家臣に対して所領を与えている。天正十三年九月一日に五藤助右衛門へ対して、祇園村内に三十二石余の所領を与え、翌年九月二日には乾猪助に対して、榎木村において三百石の所領を給与したことが知られている。

　他方、秀次宿老の一人として、湖北での用水争論の裁定にも加わっている。それは、天正十七年（一五八九）八月十七日のことで、浅井郡中野（東浅井郡虎姫町中野）と、同郡青名・八日市（東浅井郡湖北町青名・八日市）の水争いの判決文に、一豊は他の秀次宿老四人と共に連署している。内容は中野村の高時川からの取水を認めたものであった（池野家文書）。また、年次が不明なものの、北国街道沿いにあった唐国の舟橋が流されたので、小谷山で材木を調達して修理するように、一豊家臣が住民に命じた九月二十日付の文書も知られている（橋本家文書）。後者は唐国が長浜城主一豊の所領であった関係で出されたものと考えられる。

一豊の交通支配

　土佐国安芸の城主となった五藤家には、山内一豊と堀尾吉晴に宛てた、天正十四年（一五八六）四月二十三日の豊臣秀吉朱印状が残っている。この朱印状では、浜松城

朝妻湊跡の碑　米原市朝妻筑摩
平安時代以来の琵琶湖の要港として知られ、西行の歌や、谷文晁画「朝妻船」の絵で著名である。近世初頭の米原湊の発展により衰退し、現状は痕跡すら認められない。琵琶湖舟運で運ばれた物資は、ここで陸揚げされ東海・関東地方に運ばれた。一豊は長浜城主として、この湊の運輸業者を保護し、東西交通の中継基地として重視した。

の徳川家康の元へ輿入れに向かう、旭姫（秀吉実妹）一行の通行にかかる人夫を、佐和山城以北の村々から徴発し、大垣まで送るようにとの秀吉の令が記されている。この文書から、一豊の所領は二万石に過ぎないが、湖北全域についての支配権を、秀吉からある程度任されていた事実を読み取ることができる。

　この他、天下人となった秀吉からは、京都の大仏殿建造にかかる材木を、柏原（米原市柏原）から朝妻（米原市朝妻筑摩）まで輸送するよう命じられ（木村家文書）、一方では内裏造営の材木を美濃から、鉄百駄を若狭から、それぞれ朝妻まで運ぶよう、一豊が指示を受けた文書が残っている（山内家文書・木村家文書）。朝妻は、古代以来の琵琶湖の良港として知られ、京都と東国を行き来する旅人が多く使用したことが知られている。江戸初期の米原港の開港まで、その繁栄は持続した。天正十六年（一五八八）正月には、その朝妻の荷物取り扱い業者・問屋の権利を従来どおり認めると、一豊自身が述べている文書もある（木村家文書）。

　さらに、小田原の陣が終結した後の天正十八年八月一日、上洛する常陸の大名佐竹義重とその妻子が、柏原から近江八幡まで通行するので、分国中から伝馬と人足を出すべきことを、秀吉から命じられている（山内家文書）。これら秀吉からの命令の宛先は、多くが佐和山城の堀尾氏と連名となっており、彼と協力して一豊が、湖北から湖東に向かう街道（後の中山道）の管理を行っていたことが読み取れるのである。

正月儀礼と長浜

　江戸時代の土佐藩の正月儀礼としては、紙衣《かみこ》（紙の衣装）着用の年頭挨拶・馭初《のりぞめ》（閲兵式）・船乗初の三つが知られている。このうち、船乗初は土佐国に入ってから行われたものだが、紙衣の着用と馭初は、長浜時代の天正十四年（一五八六）正月から行われたと言われる。

　紙衣は、一豊が元旦の礼服として、家臣たちにも着用を義務づけたものである。その起源については、一豊が小身の時に困窮を凌ぐために着用したとか、寒中の暖衣として一豊が好んだなど、さまざまな説が江戸時代の書物に書かれている。江戸中期には紙衣とは名ばかりで、みな綿服を着用するようになり、形骸化が進む慣例を非難する建白書も出されている。

　馭初は天正十四年正月十一日に、家臣の祖父江勘時宅門前で行った慣行が、掛川・

土佐年中行事図絵　高知県立図書館蔵
高知城下の本町の通りで、毎年正月11日に行われていた土佐藩士による馭初《のりぞめ》の様子である。本図絵には馭初の様子が、3カット収められている。その内、「其三」を44頁に掲載し、「其一」・「其二」をこの頁に掲載する。「其一」には「一老乗馬ノ体」、「其二」には「此吹抜キ指物ハ特命ニ出ルモノ名誉タリ」とある。

高知時代にも受け継がれ、江戸時代を通しての土佐藩の正月儀礼となったものだ。このように大名家としての土佐藩の儀礼が、一豊が長浜城主になった最初の正月に始められたとすることには、大きな意味がある。山内家にとって、長浜城と二万石の所領を得たことは、初めて城付大名として認められたことを意味し、武門の家として記念すべき出世であった。したがって、長浜城主として迎えた初めての正月に行った行事は、吉例として後世まで引き継がれるようになったのだろう。

与祢の死と湘南

この長浜城主時代に、一豊と見性院の夫婦に一つの悲劇が襲った。天正十三年（一五八五）十一月二十九日、長浜を大地震が襲い、城内の御殿が倒壊した。一豊はたまたま在京しており、見性院は長浜城内の御殿中いたが、かろうじて難を逃れた。しかし、一豊と見性院の子である与祢姫は、御殿の棟木が落下した下敷きとなり、乳母《めのと》と共に息絶えてしまった。この与祢は、天正八年（一五八〇）に生まれた実子で、この年六歳であった。一豊夫婦の悲嘆は想像を絶する。この後、夫婦の間には子どもが生まれず、一豊に続く土佐藩二代目藩主は、弟・

大通寺台所門　長浜市元浜町
北近江における真宗信仰の中心・大通寺の通用門である。もと長浜城の大手門との伝承がある。金具に天正十六年（一五八八）の刻銘があるとされるが、どの部分の金具かは不明である。これが、天正十七年の支払帳（山内家資料）に記載された「御門」である可能性がある。支出は作料・金具代で、天正地震の修理と考えられている。

康豊の子である忠義に引き継がれることになった。

　他方、山内家に残った文書に、天正十七年（一五八九）の支払帳があり、そこには「御門ノさくれう」・「御門かなく」と、門の作料や金具についての支出が見えている。この文書は、この大地震によって倒壊した長浜城大手門の修理に関する文書と考えられる。長浜城の大手門は、現在の大通寺台所門と伝えられているが、『近江長浜町志』などによると、その門扉金具には、「天正十六年戊子《つちのえね》八月十六日」と銘が刻まれているという。この刻銘は、金具の裏面にあるため、現在は確認できないが、現存する大通寺台所門が、一豊によって修築された大手門であった可能性を指摘できる。

　長浜時代は与祢を失ったという悲劇もある一方、子どもを得たという逸話も伝わる。地震から数年後、見性院が城下で男子の捨て子を拾い、「拾」と名づけて山内家で養育したと言うのである。この子は慶長元年（一五九六）に、妙心寺の南化元興《なんかげんこう》の弟子となり、やがて山内家の菩提寺である妙心寺大通院の湘南和尚となった。この湘南が拾われたのは、常識的には長浜城下と考えるべきである。なお、天正十四年（一五八六）七月十七日、一豊の母・法秀院が没するが、この点については後章で詳述する。

関ヶ原合戦と一豊

　長浜から遠州掛川に移った一豊は、五万石の大名として、寺社の保護や家臣団の形成につとめる。この間には、文禄・慶長の役、それに秀次の失脚があったが、掛川城主としての彼の立場は不動であった。慶長三年（一五九八）に秀吉が死去し、同五年には関ヶ原合戦を迎える。この合戦を前にして、一豊は会津の上杉景勝攻めに向かう徳川家康の陣中にいた。

　七月二十四日、下野国諸川《しもつけのくにもろかわ》（現在の茨城県古河市内）に至った一豊の所へ、見性院からの使者が訪れる。その使者は封をしたままの文箱《ふばこ》と、笠の緒《お》（ひも）に仕立てた見性院からの密書を持参した。一豊は密書を読むと、西軍（石田三成方）への呼応を説いた増田長盛・長束正家からの書状、それに家康へ従うことを夫に勧めた見性院の手紙が入った文箱を、封をしたまま家康に差し出した。家康は諸将の中で最も早くに、西軍の蜂起を伝えたことを褒めると同時に、見性院の手紙に感じ入ったという。この時の使者は、田中孫作と言われる人物で、見性院の出生地の近く坂田郡高溝村（現在の米原市高溝）の出身であった。山内家の菩提寺妙心寺大通院の一豊・見性院の廟所の左には、この孫作の墓が建立されている。

七月二十四日、下野小山《おやま》に到着した家康は、翌日に「小山評定」を開き、従軍していた諸将にその去就を問う。この席上、一豊は諸将に先駆け、西上する家康団のために、掛川城を明け渡すことを発言、家康に非常に喜ばれたと言う。九月十五日の関ヶ原本戦では大きな武功を上げられなかった一豊だが、この発言が家康の記憶に残り、土佐一国二十万石を拝領することになったとされている。その後、西上した一豊は、東軍による岐阜城攻撃などに参加。合戦当日は南宮山に布陣した毛利軍の押さえとして、関ヶ原と垂井《たるい》の間に陣取った。結果的に、毛利軍は動かなかったので、この合戦で一豊は戦うことがなかった。

土佐に入った一豊は、一国統治の拠点として、長宗我部《ちょうそかべ》氏の浦戸城を廃し、高知城を新築している。さらに、城下町の整備を行い、国内に弟・康豊や重臣たちを配置し、幕末まで続く土佐藩の基礎を築いていった。土佐入国から四年後、慶長十年（一六〇五）九月二十日、一豊は高知で六十一歳の生涯を閉じた。妻の見性院は、一豊死去の翌年に高知を去り京都へ転居したが、元和三年（一六一七）十二月四日、京都桑原町屋敷において六十一歳で死去した。夫婦とも、山内家の菩提寺である妙心寺大通院の廟所に祀られている。

田中孫作屋敷跡　米原市高溝

山内家の家臣で、関ヶ原合戦の際、大坂にいた見性院（千代）から、関東に出陣していた山内一豊に、笠の緒に織り込んだ密書を届けた人物として知られる田中孫作の屋敷跡。一説には一豊の命を受けて、小早川秀秋の東軍への寝返りを促しに赴いたという話がある。

高知城天守閣　高知市丸ノ内

一豊が建築した天守閣は、慶長８年（1603）に完成した。重要文化財の現存天守は、寛延２年（1749）の再建であるが、層塔型に移行する以前の望楼型の形式をもっており、一豊建造天守を踏襲しているものと考えられる。

見性院使用　枡　土佐山内家宝物資料館蔵

長浜時代に、見性院（一豊夫人）が使用していたとされる枡。当時は生活が苦しく、「まな板」さえなく、この枡を裏返して代用していたと言われている。おそらく、秀吉家臣として居住した長浜時代のことであろう。原品は一豊・見性院らをまつる藤並神社の御神体として奉納されたが、第2次世界大戦で焼失した。文化３年（1806）12月作の本品は、藤並神社に奉納する際に製作された複製である。

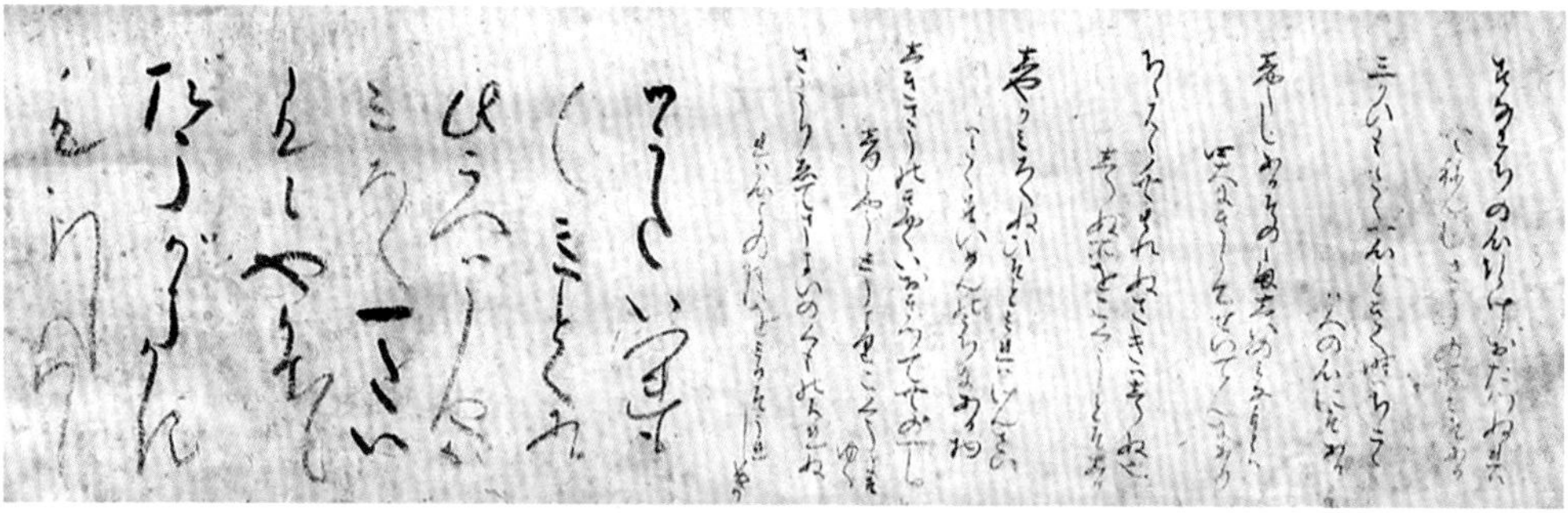

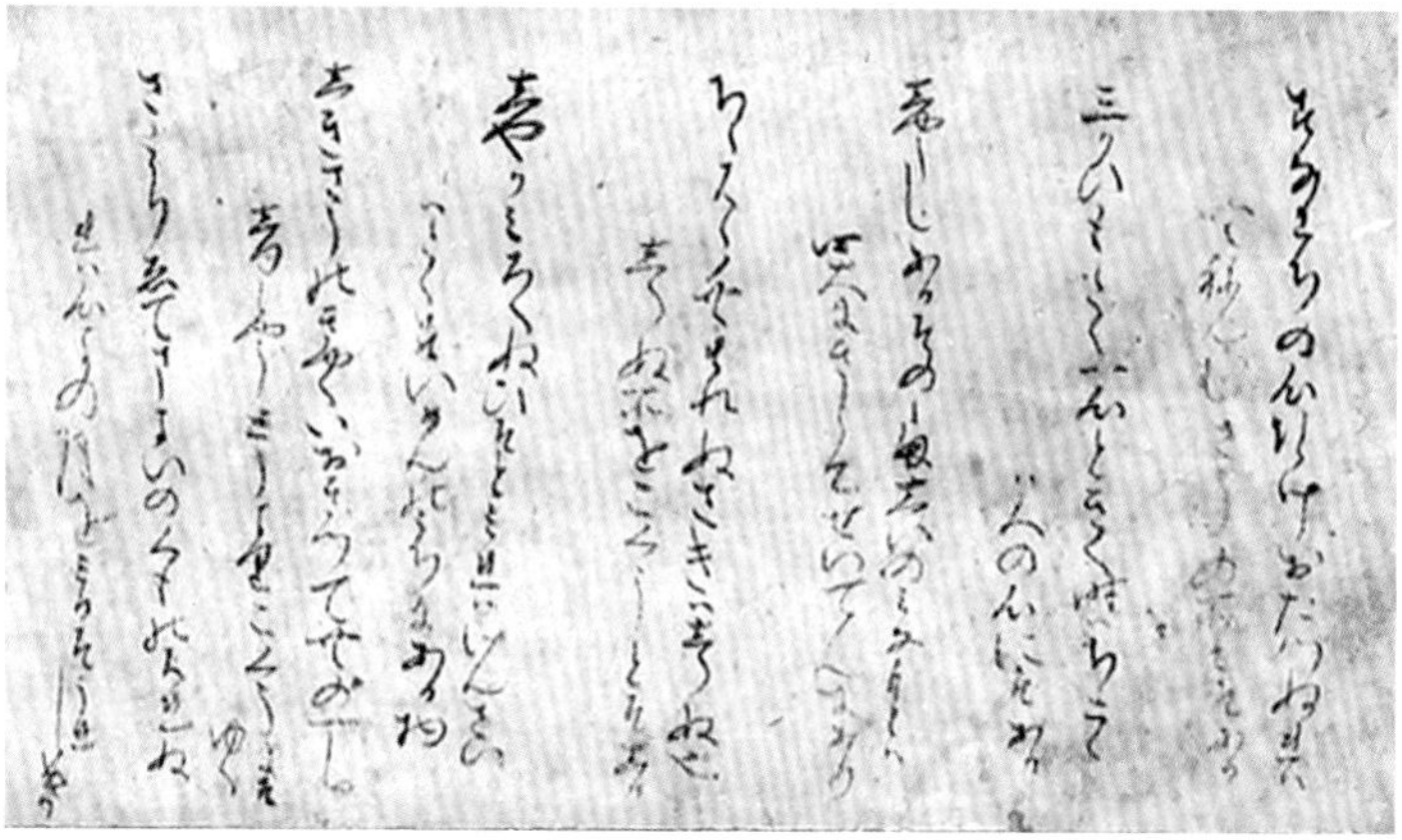

見性院道歌　土佐山内家宝物資料館蔵

見性院が詠んだ道歌に、妙心寺の南化玄興が評を認めた書である。道歌とは、仏道を主題にした和歌で、右に小さな字で七首が記され、左に大きな字で南化の評がある。評の最初には、「御うた　いづれもいづれも　きとく（奇特）に候」とある。見性院は、一豊が没した翌日に出家し、京都で晩年をすごした。

法秀院使用　鏡・鏡箱　宇賀野長野家蔵

法秀院（一豊母）が寓居した長野家では、一豊が名馬を買った代金の黄金10枚を取り出したのは、妻ではなく母と伝える。さらに、その額も５枚であったと言われている。その黄金をしまっていたとされる鏡箱で、黄金を包む袱紗《ふくさ》も別に伝来する。

法秀院使用　枡　宇賀野長野家蔵

法秀院が使用していたと言われる枡で、中世までさかのぼる「武佐枡《むさます》」である。「武佐」とは蒲生郡武佐（近江八幡市武佐町）のことで、その生産地である。統一政権によって基準枡とされた京枡の８合分しかない小枡であった。長野家時代の法秀院が、この枡を裏返して煙草の葉を刻んだとする伝承がある。藤並神社の見性院枡との比較検討は、これからの課題である。

山内一豊使用　轡　宇賀野長野家蔵

宇賀野村（米原市宇賀野）の長野家に伝来した轡《くつわ》で、一豊が馬の調教に使用したと伝える。轡は馬の口にくわえさせて、その動きを制御する道具。

コラム

木之本牛馬市と一豊の馬

木之本（伊香郡木之本町）の街は、北国街道の宿場でもある。その町並の北部で、昭和十五年まで牛馬市が開催されていた。木之本の牛馬市は、室町時代にまで遡ると言われている。当初は木之本地蔵（浄信寺）が、牛馬の病気によく利くとされ、地蔵縁日に商人が集まり始まったのが起源と言う。あるいは、木之本から北の丹生谷や余呉谷（いずれも現在の伊香郡余呉町内）では牛馬の飼育をする者が多く、それらを木之本まで出て売買したのが起源とも伝える。

牛馬市は木之本宿の内、北之町から中之町の一部を加えた民家二十軒を宿として開かれ、牛馬は各家の馬屋や小屋に十数頭、多い家では五十数頭が繋留されていた。牛馬の産地は近江はもとより、但馬・丹波・伊勢・美濃・越前・若狭にも及び、彦根藩の監督のもと、江戸時代は六月二十三日から二十七日までと、十月二十三日から二十七日までの年二回行われ、盛況を極めた。また、市は八つ刻（午後二時頃）に閉じるのを常としていた。

当地での売買は、通常の市とは違い、広い場所に集め大声を上げて競うのではなく、各家の裏の空き地で行われた。売り手と買い手が集まった裏地に、牛馬を一頭ずつ引き出し、買い手が売り手の袖に手を入れ、双方が指で金額を示し合い商談を成立させた。時代がたつにつれ、優良な牛馬が集まり買い手も増えるが、牛は荷車引き・農耕用に、馬は主に武士が求めるようになった。彦根藩はこの市の奨励・監督に意を尽くしたが、自藩が購入を終えるまでは、他藩の馬購入を禁止したという。もちろん、優れた馬が他藩に流れることを恐れたからである。

大勢の人でにぎわった木之本牛馬市。昭和30年ごろ。
（写真提供：寺井通雄氏）

夫人の才覚によって馬を購入し、出世の足がかりをつかんだ一豊であったが、その馬はこの牛馬市で購入したと、木之本では古くから言い伝えられている。馬購入の逸話は、その状況から見て、一豊の秀吉家臣時代で、当時は長浜に居住していたと考えられる。とすれば、一般的に言われる安土の馬市よりも、木之本の方が地理的に言って話の筋が通ることは確かである。

（太田浩司）

山内一豊の妻と母
見性院と法秀院

太田　浩司

幼学綱要　二　安芸市立歴史民俗資料館蔵
明治15年（1882）から翌年にかけて刊行された勅撰の修身書。自由民権運動など社会変革に危機感を覚えた宮中保守派が編集したもので、全編儒教的な徳育感に基づいて構成されている。一豊名馬購入の逸話の挿絵で、「山内一豊か妻鏡匳の金を出して名馬を買ハしむ」と表題がついている。

「名馬購入」と見性院

山内一豊の妻・見性院を語る際に、最も有名なエピソードは「名馬購入」の逸話である。ある日、信長の安土城下に馬商がやって来て駿馬《しゅんめ》を売ろうとしたが、値が高すぎて誰も買えなかった。一豊も手が届かず空しく帰宅し、夫人にこの話をすると、妻からその値を聞かれたので、黄金十両と答えた。すると、夫人は鏡箱の中から黄金十両を取り出し、これで購入するように言った。この黄金は、夫の一大事に使うようにと、実家から預かってきた金だというのである。早速、一豊はその黄金で駿馬を購入し、程なく京都で行われた馬揃えで信長の目にとまり、名馬を購入するとは「武士の鑑《かがみ》」と褒《ほ》められたという逸話である。

「山内一豊之妻」像　高知市丸ノ内
高知城内の杉ノ段にある見性院の銅像。高知商工会議所婦人会が中心となり、県内外の政財界から寄付を集め、昭和四十年に建立された。作者は滋賀県米原市在住の山口栄太郎氏である。台座に銘板が取り付けられており、当時の高知大学々長の久保佐土美氏による「時代を超えて夫婦協和の道をこの像に象徴する」との言葉が刻まれている。

明治時代以来、国語の教科書に掲載されていたこの物語は、「賢婦の鑑」として見性院を全国的に有名にしたが、出典は新井白石の『藩翰譜《はんかんふ》』、湯浅常山の『常山紀談《じょうざんきだん》』などの江戸時代の編纂物である。「内助の功」を説く儒教思想の中で喧伝された話であるが、歴史学的に良質な史料で確認できない現在、このエピソードの真偽を探索することは、まったく不可能である。ただし、一豊夫人は「賢婦」だとする当時からの噂が存在し、それが後世に伝わり、この物語が成立したと考えるのが自然であろう。

　ところで、逸話は有名であるが、見性院自身のことは、歴史上の女性の通例で、多くのことは分からない。たとえば、その名を「千代」と言ったとされるが、その書状は一豊死後、院号を受けた晩年のものしか残存せず、いずれも「見性院」とある。山内家の系図や家伝に、「千代」という実名が記されているわけでもない。また、これまで一豊夫人を「まつ」とも呼んできたが、その人物とは別人であることは、後章で詳しく述べるとする。そこで、ここでは一豊夫人については、呼称として確実な見性院の院号で呼び、話をすすめることにしよう。

　その誕生は、弘治三年（一五五七）であるが、一豊と結婚したのは、元亀から天正の初め頃とされ、明確なことは分からない。その行動についても、慶長十年（一六〇五）四月に、養子忠義（二代目藩主）と家康養女阿姫《くまひめ》の婚礼に際して伏見に赴いている事実や、一豊死後の慶長十一年（一六〇六）に土佐を去り、京都桑原町に居住するようになった、晩年の状況が知られるのみである。元和三年（一六一七）十二月四日、その京都屋敷にて死去している。

見性院の出自

　『土佐国群書類従』に掲載された「旧記」には、見性院について「見性公（大通院御夫人）ハ、江州浅井家の若宮喜助友興の女《むすめ》なり」とある。また、江戸幕府が編纂した大名・旗本の系図集である『寛政重修《かんせいちょうしゅう》諸家譜《しょかふ》』にも、一豊の「室は若宮喜助友興か女」と記している。このように、土佐藩が編纂した系図・家伝の類では、一豊妻は近江浅井長政の家臣・若宮喜助友興の娘という見解で統一されている。

　ところが、一豊夫人について、美濃国郡上《ぐじょう》（岐阜県郡上市）の城主であった遠藤盛数の娘であるとの説が、最近唱えられるようになった。この郡上遠藤家説の根拠は、詰まるところ『寛政重修諸家譜』や郡上市の慈恩寺に残った遠藤家の系図、それに土

法秀院墓所　米原市宇賀野
天正十四年（一五八六）七月十七日に没した一豊母・法秀院の墓所である。この墓は江戸時代以来、法秀院が寓居していたという同村の長野家によって守護されてきた。もともとは台石のみで墓石はなかったが、平成九年に地元の「法秀院」顕彰会や山内家の尽力によって、法篋印塔が建立された。

佐藩士遠藤家の系図による。そこには、遠藤盛数の女子が山内対馬守一豊の室になったと記されている。

確かに一豊の兄弟の女子は、みな美濃国の武将に嫁しており、一豊自身も若年期に同国で生活していた時期があったと見られるので、山内家と美濃国の関係は深い。しかし、系図研究の常識として、妻を出した方の系図（遠藤家系図）よりは、妻を迎えた方の系図（山内家系図）を信用すべきで、美濃出生説は遠藤家の系図以外の証拠が示されない限り、客観的には成立し難いと考えられる。

見性院の近江出生説についても、その根拠は詰まる所、山内家の系図・家伝類しかないのであるが、その出生地の飯村《いむら》がある近江国坂田郡と、山内家の以下に見るような深い関連は、近江説の補強となるであろう。

長野家と法秀院

天正十四年（一五八六）七月十七日、一豊の母・法秀院が没した。山内家の記録によれば、長浜の要法寺という寺院に葬ったとされる。一方、見性院の出身地である飯村（米原市）の北隣の集落・宇賀野に、法秀院の墓が現存している。この墓は、戦国時代に一豊の母が寓居していたとされる宇賀野長野家の所有地に建立されており、江戸時代以来、同家によって守護されてきた。

なお、土佐山内家が編纂した『一豊公紀』では、近くの西屋敷という場所に、要法寺跡の伝承地があるので、この墓地は要法寺墓地と同一だとする説を載せている。しかし現在、要法寺跡と称する地を、宇賀野で確認することはできないので、苦しい解釈だろう。

法秀院御法名　宇賀野長野家蔵
法秀院墓所を江戸時代から管理している長野家に伝来した「御法名」である。「帰真　法秀院殿縁月妙因」の法号の両側に、忌日が記されている。長野家ではこの「御法名」を屋敷内の位牌所と呼ばれる所に安置し、命日に当たる17日には、霊前で読経を行い供養したという。

一豊の父・盛豊は弘治二年（一五五六、または永禄二年（一五五九）とも）に尾張国において戦死する。その後、その妻・法秀院や一豊、その兄弟たちは夜陰にまぎれ城から脱出、しばらくは親類縁者に匿われて生活していたという。その状況の中、法秀院については、永禄三年（一五六〇）に宇賀野長野家に落ち着いたとされる。その長野家の伝承では、法秀院はその屋敷の一隅で質素な生活を送り、近在の子女に裁縫や行儀作法を教授していたという。その生徒の中に、隣村の若宮氏の娘・見性院がおり、法秀院はその利発さを見初め、元服し武家仕官を始めた頃の息子の嫁に推したという。

　法秀院が没した後、長野家では江戸時代を通じて、「法秀院殿縁月妙因」と記された「御法名」を屋敷内に祀り、その墓所も管理してきた。文政十三年（一八三〇）から弘化四年（一八四七）までの文書が書き留められた「土州様御墓所ニ付書翰類留記」（宇賀野長野家文書）によれば、「御法名」は屋敷内の位牌所と呼ばれる所に安置し、毎朝その霊前に供物と香花を供えた。また、命日にあたる十七日には、霊前で読経を行う他、正月と祥月《しょうつき》にあたる七月には、十六日・十七日の両日、読経による供養を行っていたと記されている。

法秀院の墓

　また、「土州様御墓所ニ付書翰類留記」によれば、西宇賀野村の墓戸にあった墓所は、毎年六月晦日に、村中十五歳以下の子供が残らず出て、掃除が行われていた。さらに、毎年七月十三日夜には、「聖霊迎え」として村中十五歳以下の子供が、松明《たいまつ》を一本一本もち、村端から墓所まで火を送り、同月十五日夕には「聖霊送り」として同様な送り火を行っていたと記されている。長野家の当主は、七月十六日・十七日両日は墓参することになっていた。

　このように、宇賀野長野家によって大切に守られてきた墓地ではあったが、土佐藩

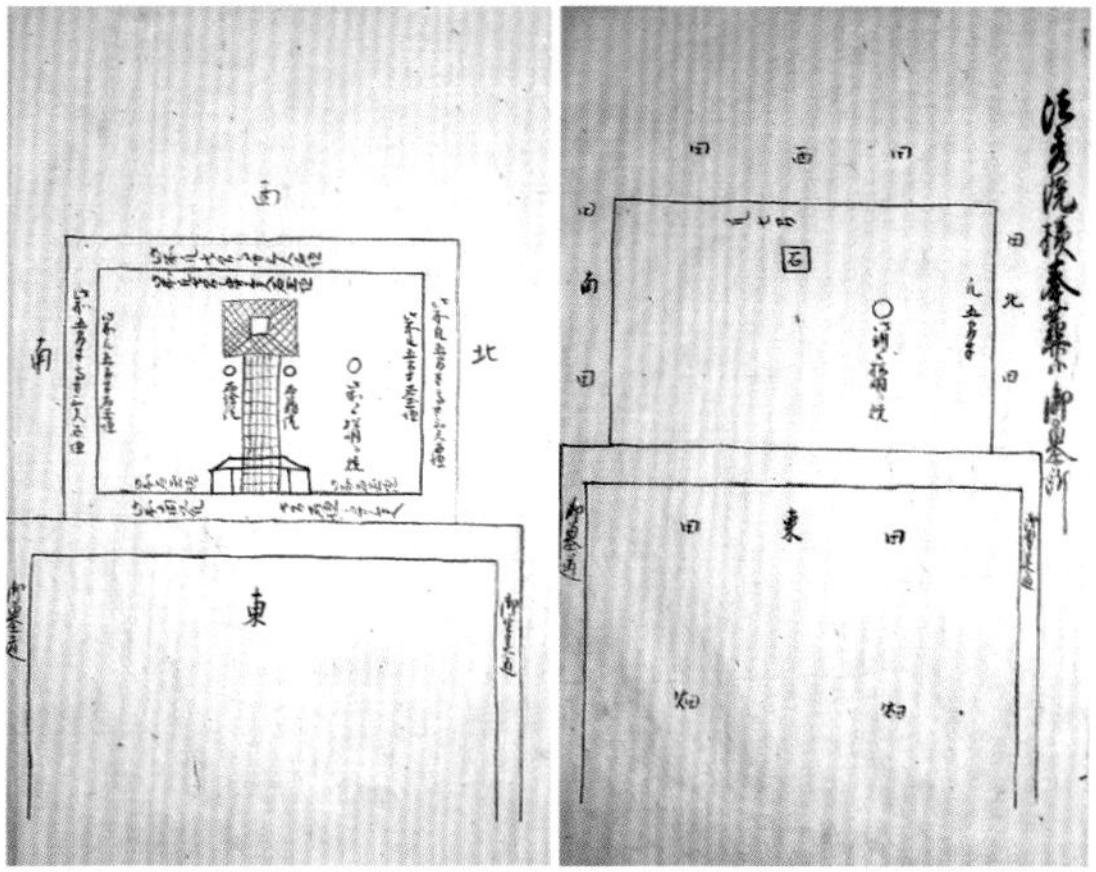

土州様御墓所ニ付書翰類留記　宇賀野長野家蔵
法秀院墓所整備について、長野家が関係書類をまとめた冊子で三冊からなる。向かって右が、山内家によって嘉永六年（一八五三）に墓所整備が行われる以前の状況を示す貴重な図面である。この図面によれば、当所の墓所は東西五間半、南北七間の敷地の西よりに墓石を一つ置いたのみの質素なものであったことが分かる。左は、整備計画後の完成予想図。

主山内家では幕初以来、その存在を忘れ去っていた。寛政二年（一七九〇）に至り、山内家の家来である馬詰《むまづめ》権《ごん》之《の》助《すけ》親音《ちかね》が調査に訪れ、その存在が土佐高知でも知られるようになった経緯がある。馬詰は最初三月二十三日に、宇賀野村長野家を訪問したが、彦根藩や土佐藩から何の照会もない突然の出来事であったので、長野家としては事実関係を答えることができないと拒否した。その後、長野家で彦根藩の意向を確認すると、「自然思召《おぼしめし》も之有り、御尋ね仰せ出され候事ニ候得ハ、御答え申し上げ奉らず候てハ、宜《よろ》しからず」との返答であった。すなわち、土佐藩も理由があって調査に来ているのだから、答えない訳には行かないだろうという判断である。

　そこで、馬詰にもう一回連絡をとり、再来の運びとなった。同年の十月八日に再訪した馬詰に、長野市右衛門はなぜ二百年余りも、一族の墓所を放置してきたのかなど詰問している。それに対し馬詰は、最近山内家当主が早世したので、その理由について諸所に尋ねたが、先祖の墓所を疎略にしているためと言う人があった。そこで、当家の記録をよく調査してみると、近江に一豊母の墓所があることが分かり、調査のため訪れたというである。長野市右衛門は、馬詰を墓所に案内、また法名書やその遺品を見せて接待している。

法秀院墓の整備

　墓が近江にあることを知った山内家では、寛政五年（一七九三）六月五日・六日、藩主豊策《とよかず》が参勤交代の途中、中山道の大垣宿・鳥居本宿に、長野市右衛門を呼び法秀院の旧事を聞いている。文政八年（一八二五）六月、長く墓を守ってきた長野家に、永代五人扶持を与えた他、嘉永六年（一八五三）から翌年にかけて墓地の整備を行っている。先の「土州様御墓所ニ付書翰類留記」に、この整備前の墓所の状況を記した絵図が掲載されている。それを見ると東西五間半、南北七間の敷地があり、その西よりに墓石を置いたのみの質素な墓所であった。しかし、この嘉永六年から翌年にかけての整備によって、墓所は石積の基壇に玉垣を廻らした形となる。ただ、土佐国で造られていた墓石（宝篋印塔と推定される）は、同国で大波にさらわれ行方不明となり、台石のみの竣工となったと言われている。

　くだって、明治二十五年（一八九二）春、たまたま長浜警察署長となった旧土佐藩士浜田源之助は、墓所の荒廃を痛み、その修築を土佐国の縁者に進言した。山内侯爵家

法秀院墓写真　宇賀野長野家蔵
明治二十六年（一八九三）の墓地改修後の状況を撮影したとみられる写真である。この時の改修では、木製の柵が周囲にめぐらされ、台石上に玉垣・柏紋入りの門扉も整備されたことが、この写真から判断できる。しかし、江戸時代に高知で大波にさらわれ行方不明となった墓石は、この時も再造されることはなかった。

ではこの進言を聞き、明治二十六年に長野家に命じて墳墓の改修をはじめ、同年十一月十八日に竣工した。この時の改修では、木製の玉垣が周囲にめぐらされ、基壇上の玉垣・柏紋入りの門扉も整備されたようだが、墓石は新造されなかった。平成九年、新たに設立された地元有志による「法秀院」顕彰会や山内家の尽力によって、基壇の上に初めて宝篋印塔がのり、門扉や玉垣も新造して、大名一族の墓所としての威容を整えた。

宇賀野長野家と山内家

　長野家には今も法秀院の法号書の他、一豊が使用したと言われる轡《くつわ》が残されている。また、同家では、一豊の「名馬購入」のため、黄金十両を出したのは、見性院ではなく母の法秀院であったと伝えている。現在も、黄金が入っていたという鏡箱や袱《ふく》紗《さ》、それに法秀院が「まな板」代わりに使用したという一升枡（武佐枡と呼ばれる八合枡）が伝来している。さらに、長野家では、一豊が名馬を求めたのは安土ではなく、木之本の馬市であったとする。それは中世から昭和に至るまで、北国街道の宿駅沿いで催されていたもので、木之本でも一豊が名馬を購入したのは、安土ではなく当地であったとする伝えがある。

　このように、見性院の出生地とされる飯村の隣村である宇賀野村に、一豊の母の墓所がある事実は、この地方と一豊周辺との密接な関係を示すものであり、その夫人が隣村で出生したことと大きく関るものと考えられる。

　『一豊公紀』には「御手許文書」として、天正十七年（一五八九）十二月十六日付の山内一豊印判状を掲載する。「宇賀野若衆共」とされる八人へ、合計五十三石五斗の米を給付するように、一豊が久助という家臣に命じた文書である。その八人の名前と給付高を列挙すると、新三郎（十五石）、市助（六石五斗）、孫一郎（六石五斗）、長助（五石五斗）、弥二郎（五石五斗）、与四郎（五石五斗）、北庵（三石）、宗本（六石）となる。

　ここで言う「宇賀野若衆共」が如何なる人々かは、まったく不明である。ただ、他の北近江の村には特別に米を給された例はなく、これも当村と山内家の特別な関係が想定される。あるいは、長野家と共に法秀院の世話に当たっていた村人へ、謝礼の意味で米を給したものではないだろうか。

田中孫作の墓　京都市西京区花園
京都妙心寺の塔頭大通院には、山内一豊・夫人の霊屋があるが、その北側に建つ田中孫作の墓。孫作は坂田郡高溝村（米原市高溝）の出身で、見性院付の山内家々臣であった。関ヶ原合戦の前に、夫人（千代）から一豊への密書を、関東に出陣中の一豊まで届けたのは、この田中孫作であった。

田中孫作の出身地

宇賀野の東隣の村、飯村の東北の集落である高溝は、見性院付の家臣として知られた田中孫作定重の出身地である。この点も、見性院が飯村の出身であることと関連すると見られる。『改訂近江国坂田郡志』によると、孫作は「高溝の郷士」と記されている。一豊が長浜城主時代に召し抱えた家臣であることは、『南路志』などに載る家臣団の登用時期を記したリストによって明らかである。

関ヶ原合戦の直前、一豊は徳川家康に従い、関東に出陣していたが、大坂にいた見性院は石田三成ら西軍の挙兵を知り、これをいち早く一豊に知らせたのは有名な話である。この時、見性院のもとから、一豊がいた下野国諸川《もろかわ》の陣まで使者として走ったのが田中孫作であった。

見性院は、西軍の増田長盛と長束正家から同調を呼びかける文書に、自らの手紙を添えて文箱《ふばこ》に入れ、これに封をして孫作に持たせた。見性院の手紙には家康に忠節を尽くすべきことが記されていたが、一豊はその封を開けず家康に差し出したという。これを読んだ家康は大変喜んだ。

実は、孫作の「笠の緒《お》」に見性院からの

箕浦　米原市箕浦
琵琶湖に流入する天野川北岸にある箕浦の集落。中世においては、朝妻湊から東国へ至る街道が、北国街道と分岐する町場として栄え、八日市場と称した。浅井氏家臣であった地侍・井戸村氏の本貫地でもあるが、同氏は江戸時代、土佐藩内に多くの親類を持っていた。

密書が仕込まれており、そこには文箱を未開封で家康に渡すよう記されていたのである。この見性院の機転による家康の好印象が、関ヶ原合戦後に土佐一国を山内家が拝領する、大きな要因となったと言われる。

また、地元ではこの田中孫作は、関ヶ原合戦前に柏原成菩提院《じょうぼだいいん》に宿泊していた小早川秀秋を、西軍から東軍に招く使者の役目を果たしたという伝承も存在する。

箕浦井戸村家と山内家

見性院が出生した飯村のすぐ東隣の村である箕浦は、戦国時代に浅井氏家臣であった井戸村氏が本拠を置いていた地として知られる。井戸村氏の中世土豪としての姿は、六十五点からなる「井戸村文書」（中村林一コレクション、長浜城歴史博物館蔵、滋賀県指定文化財）によって追うことができる。この「井戸村文書」は中世分の原本が大半を占め、近世分の原本は散逸している。ただ、幸い『覚書之写』（一冊）や『歴代古書年譜』（三冊）と題された中・近世文書集が残存している。そこには、江戸時代まで井戸村家に存在した文書が筆写されており、近世文書についても内容を知ることができる。

その内、『覚書之写』に掲載された「井戸村氏系図」によると、井戸村氏の江戸初期の当主である三郎右衛門信澄は、山内家の家臣岩崎半右衛門の子息で、井戸村家に養子に入った人物と記されている。

また、『歴代古書年譜』の「勇」（第三冊目）には、その三郎右衛門に当てた、中山道醒ヶ井宿の本陣松井新助からの五月二十三日付書状が掲載されている。そこには、明日山内家の一行が参勤交代で宿泊するので、三郎右衛門に醒ヶ井本陣まで出張するよう求めいている。藩主に随行していたその家臣・遠藤加左衛門が、三郎右衛門との面談を希望していたようである。三郎右衛門は土佐国出身なので、加左衛門とは旧交があったのであろう。

土佐の井戸村家親類

さらに、『歴代古書年譜』はこの書状の直後に「松平土佐守様御内親類衆名寄」と題して、山内家中で井戸村家と親類にあたる人物を列挙している。ここに、その人名とそこに付記（括弧内の文字）を上げてみよう。

岩崎太郎兵衛（三百石）　岩崎所左衛門（太郎兵衛惣領）　遠藤加左衛門（三百石）
遠藤喜平（加左衛門惣領）　大嶋次左衛

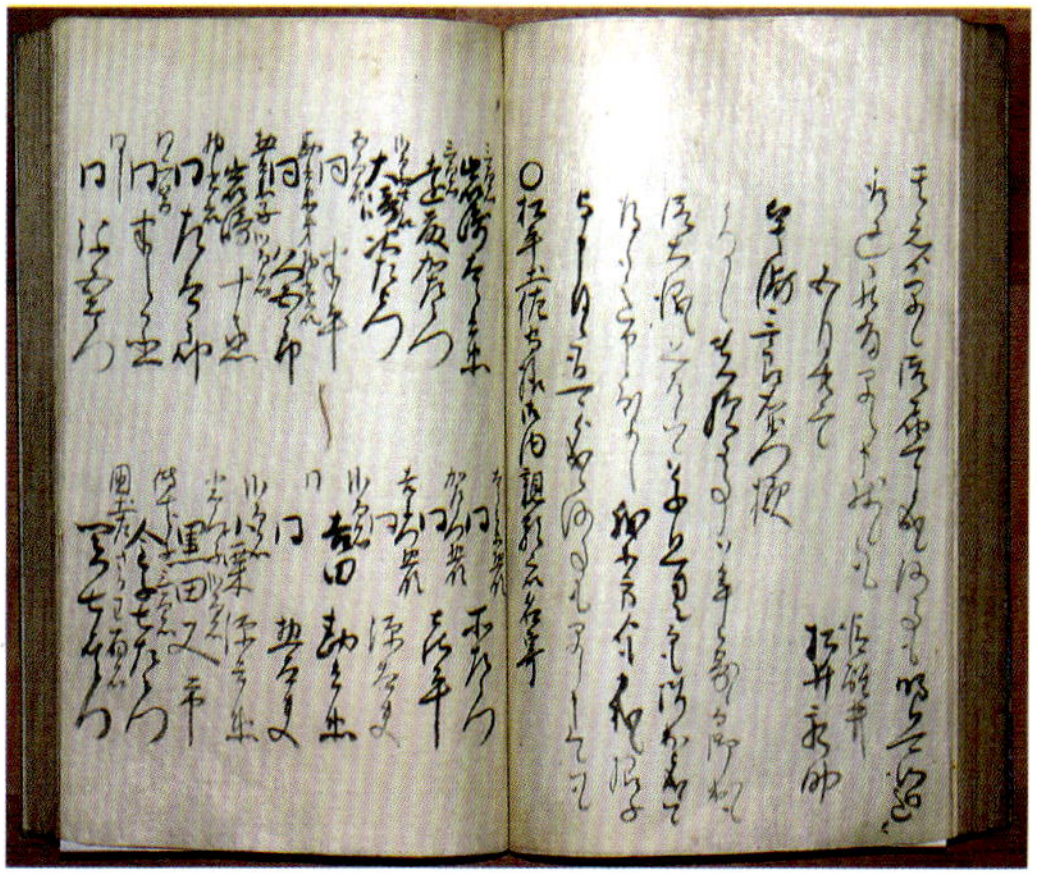

歴代古書年譜　長浜城歴史博物館蔵
坂田郡飯村の地侍・嶋氏の中・近世文書の写で三冊からなる。その三冊目「勇」の巻には、「松平土佐守様御内親類衆名寄」と題して、山内家中で井戸村家と親類に当たる人物を列挙している。この中には、『山内文庫』中の系図と名前が一致する人物もあり、坂田郡南部住民と山内家の深い関係を物語る。

門（二百五十石）　大嶋源太夫（吉右衛門惣領）　大嶋半平（五百石）　吉田勘兵衛（二百石）　吉田久五郎（勘兵衛物書衆）　吉田惣太夫（勘兵衛物書衆）　岩崎十丞（惣兵衛子物書衆）　小栗源兵衛（二百石）　小栗左太郎（物書衆）黒田又平（小右衛門二男）　黒田半之丞（小右衛門子二百石）　金子七左衛門（伝十郎子三百石）　黒田弥五衛門（伝十郎子三百石）　関七右衛門（国土左さかわ百石）

最後の関は、土佐国佐川城主となる山内家家老深尾氏の家臣という意味であろう。これらのすべての人物を土佐藩側の史料で確認することはできないが、冒頭の岩崎太郎兵衛は『山内文庫』（高知県立図書館保管）の「御侍中先祖書系図牒」によって、実名を長清といい、寛永十九年（一六四二）に二代藩主忠義の家臣として登用され、寛文七年（一六六七）には加増され三百石取りの家臣となり元禄四年（一六九一）に病死している。その石高は先の一覧と一致し、『歴代古書年譜』の信憑性を裏付けるものである。

　また、「御侍中先祖書系図牒」は、太郎兵衛の惣領として『歴代古書年譜』が注記する岩崎所左衛門長重の記事も掲載している。あわせて、太郎兵衛長清の父、所左衛門長重の祖父に当たる岩崎又左衛門長利は、慶長五年（一六〇〇）の関ヶ原合戦後に、大坂において一豊に仕官した家臣だったが、旧姓を野村といい近江国の出身であることも明記される。

　このように、『歴代古書年譜』と、土佐国に残った「御侍中先祖書系図牒」の記述が一致する事実は、前者の史料としての信憑性を高めることになる。したがって、先の井戸村氏の親類が多く土佐藩内にいたことは間違いない情報であろう。

坂田郡と山内家

　一豊夫人が出た若宮氏は、坂田郡飯村内でも西飯村が本貫であるが、東飯村の土豪で浅井氏家臣として活動した嶋氏は、『嶋記録』を残したことで著名である。この『嶋記録』は、浅井氏家臣時代を中心とする嶋氏の動向を、古文書を引用しつつ物語風にまとめたものであり、浅井氏研究の基本資料の一つとなっている。この著に載る「嶋氏系譜」は文亀三年（一五〇三）に誕生し、天正八年（一五八〇）に七十七歳で没したとされる嶋若狭守秀安から書き始められているが、その嫡子秀宣の五男として、

飯村の集落　米原市飯
見性院（千代）の出身地である坂田郡飯村の現状。同村は天野川の右岸に位置し、現在は集落の中央を貫く、北陸本線付近を境に西飯村と東飯村が別れる。見性院が出た若宮氏は西飯村の地侍で、東飯村には嶋氏という浅井氏の家臣がいた。写真は、東飯村の風景。奥に伸びる道の向こうが西飯村となる。

兵蔵（勝左衛門）なる人物が記されている。実は、この人物が土佐藩士となっていることが最近判明した。

先に引用した「御侍中先祖書系図牒」中の「近藤霞帆」家は、世禄八十石とあるが、その系譜は、浅井長政に属したと記されている嶋秀宣から始まっている。その五男に当る勝左衛門秀成は、最初秀吉の家臣・堀秀政に仕えたが、その後一豊に仕官し、天正十八年（一五九〇）の山中城攻めで功名を上げたとある。慶長五年（一六〇〇）の土佐入国にあたっては、一豊の弟・康豊の家臣となり、康豊が藩主をつとめた支藩の士となり、幡多郡中村（現在の四万十市）に居住するようになったとある。その後、秀成の孫の時代に「嶋」から「近藤」に姓を変えている。元禄二年（一六八九）に中村支藩が廃藩になることによって、山内本家の家臣へ復し、幕末の「霞帆」＝秀政まで存続している。

この近江に残った『嶋記録』に載る「嶋氏系譜」と、土佐で編纂された「御侍中先祖書系図牒」に載る近藤家の系図では、嶋秀宣・同秀成の記述内容は、まったく一致しており、土佐藩士近藤家が、坂田郡東飯村を本拠とした地侍・嶋氏の一族を祖先としていることは明らかである。この他、高知城の縄張を担当したことで著名な百々越前も、近江国坂田郡百々《どど》村（現在の彦根市鳥居本町内）の出身であることが、「御侍中先祖書系図牒」に見みえている。

以上、飯村周辺の近江国坂田郡から、多くの土佐藩関係者が出ているのは、見性院が飯村出身であることと無縁ではなかろう。一豊の母・妻との縁者が、かつて坂田郡に居住しており、その時代の縁により、山内家に仕官をしたり、養子縁組を行った家も多かったと考えられる。このような江戸時代の坂田郡の状況は、見性院が出生し、法秀院の寄寓場所であったことが背景になっていると考えられる。

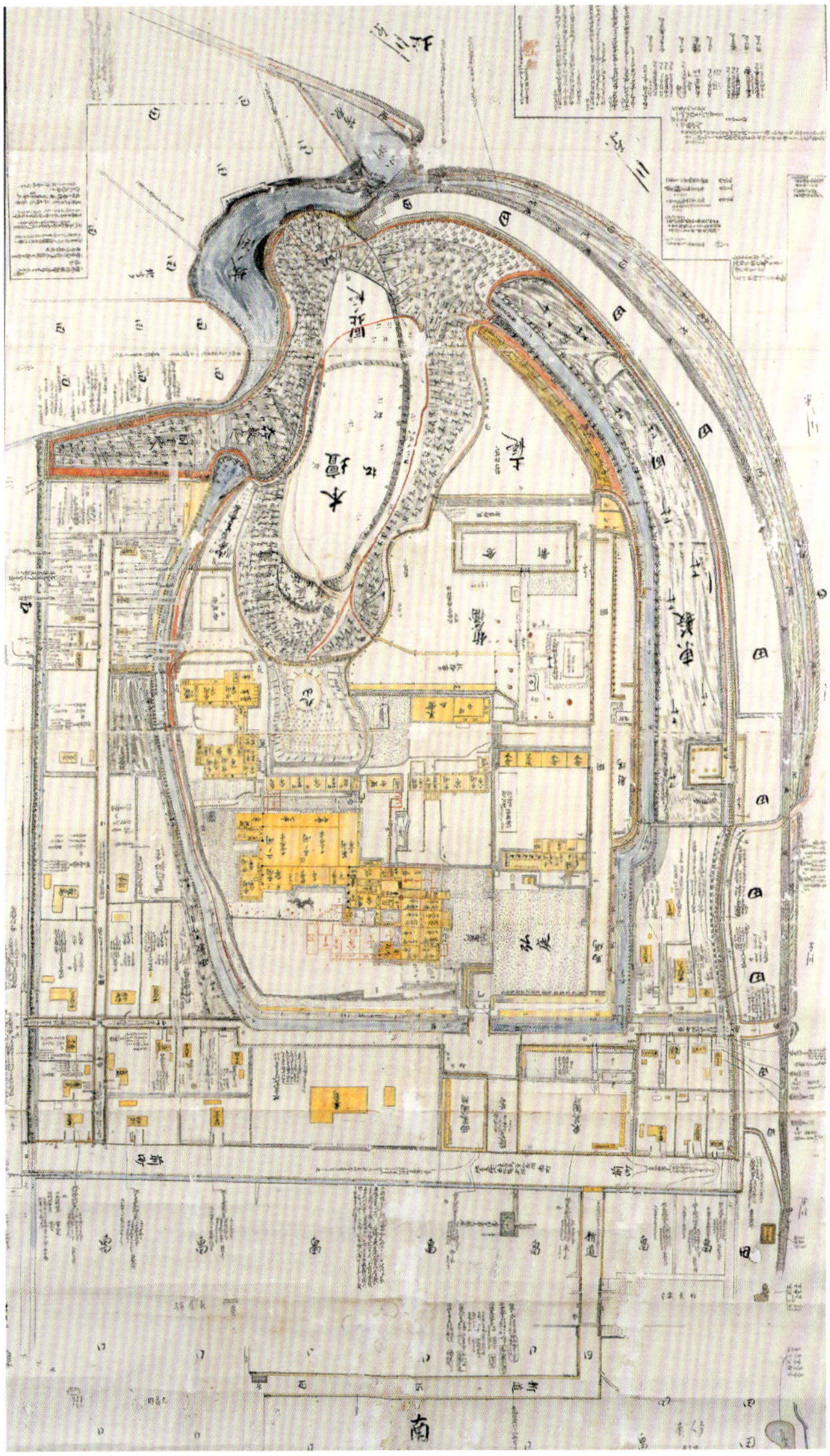

安芸土居廓中絵図　安芸市立歴史民俗資料館蔵

山内家の重臣・五藤家が入った安芸土居（城）と、その周辺に展開した廓中《かちゅう》と呼ばれた家臣団屋敷を描いた図面で、文化十三年（一八一六）以前の製作である。中世以来の城郭を改造した土居には御殿があり、土塁と堀を隔てて南と西に家臣団屋敷が広がる。若宮まつに従った近江坂田郡飯村出身の家臣たちも、この家臣団屋敷に住居した。

一豊夫人と同郷だった若宮まつの話

太田　浩司

若宮まつの墓　高知県安芸市川北
安芸土居の東、安芸川を隔てた小山に、五藤家歴代の墓があるが、そこに若宮まつの墓がある。写真左側がそれで、右側は夫の五藤為重の墓。若宮まつは、一豊夫人の見性院（千代）と同郷で、なおかつ晩年土佐国で生活したという経歴も似ているため、従来から混同されてきた。

五藤家と安芸の墓所

関ヶ原合戦の翌年に当たる慶長六年（一六〇一）の一月、土佐国に入国した山内一豊は、四月から領内の巡見を行った。この巡見が終わると、六月には弟康豊に幡多郡《はたぐん》中村二万石を与え、さらに八月には土佐国内の要衝にあった古城に、重臣たちを配置した。これらの古城は、中世以来「土居」と呼ばれたので、この重臣たちは、「土居付家老」と呼ばれるようになる。この重臣配置は東西に長い土佐に、まんべんなく山内家の政策が行きわたるようにとの配慮であった。佐川《さかわ》・宿毛《すくも》・窪川《くぼかわ》・本山《もとやま》の「土居」に重臣が入ったが、安芸郡安芸の「土居」には、山内家で最も古参の家臣であった五藤家の当主・為重が入城する。

安芸土居　高知県安芸市土居
五藤家の御殿があった安芸土居の南側、廓中《かちゅう》との境にある堀と土塁である。大きな松の向こうには虎口がある。もともと安芸国虎らが居城した中世城郭であったが、慶長六年（一六〇一）以降に五藤氏が入城した。城内には現在、安芸市立歴史民俗資料館と、五藤家の先祖を祀る藤崎神社などがある。

この安芸土居の東、直線距離で約三百メートル、安芸川を隔てた小山に五藤家の墓所がある。もともと、この山の中腹に五藤家の菩提寺・最福寺（日蓮宗）があったが、明治の廃仏毀釈により寺はなくなり、続きにあった墓所のみが残っているのである。この地には、五藤家の歴代当主の墓が並ぶが、五藤為重の墓の隣（南）に「正室若宮氏」と側室の墓が建っている。この「正室若宮氏」こそ、近江国飯村の浅井氏家臣・若宮左馬助の一人娘であった「まつ」なのである。一豊夫人とは、同郷で同族であった。

「まつ」の前半生

五藤家の系譜によれば、この「まつ」は寛永十六年（一六三九）十月十三日に、七十七歳で安芸土居に没しているというから、永禄六年（一五六三）の生まれとなる。この「まつ」四歳の時、浅井長政の家臣であった父・左馬助が、討死するという悲劇が襲う。その後、成長した「まつ」は、織田信長の四男で、羽柴秀吉の養子になっていた羽柴秀勝の家臣赤尾孫助に嫁した。この赤尾家は、若宮家と同じく浅井氏の旧臣であったが、この孫助も運悪く、天正十二年（一五八四）の小牧・長久手合戦で討死してしまう。

しかし、幸いにして「まつ」は孫助の子を身ごもっていた。父親が討死した年、「まつ」は孫助の忘れ形見「しよろ」を産み、この子を連れて長浜城主山内一豊の重臣・五藤為重に再嫁することになる。後に、この「しよろ」は五藤為重の跡を継いだ五藤正友の妻となる。正友は、為重と側室との間に生まれた子であった。

「まつ」を語る古文書

「まつ」の家である若宮家の文書は、現在行方不明だが、幸い『土佐国蠹簡《とかん》集《しゅう》残《ざん》編《べん》』（高知県立図書館蔵）にその忠実な写が残っていて、形状や内容を知ることができる。この文書群中に、永禄九年（一五六六）閏八月十三日付、「若宮左馬助殿御まつ御料人」宛の浅井長政書状がある。長政が父の討死を見舞い、「十七条内壱町地」など三ヵ所を、「まつ」に加増しているものである。この段階で、男子がなかった若宮家は、若干四歳の「まつ」が当主とみなされていたことが読み取れる。

さらに、「まつ」の出生地である米原市飯村の吉田家には、「まつ」の土地売却状二通が残っている。一通は、天正十五年（一五八七）三月十九日付で屋敷を、もう

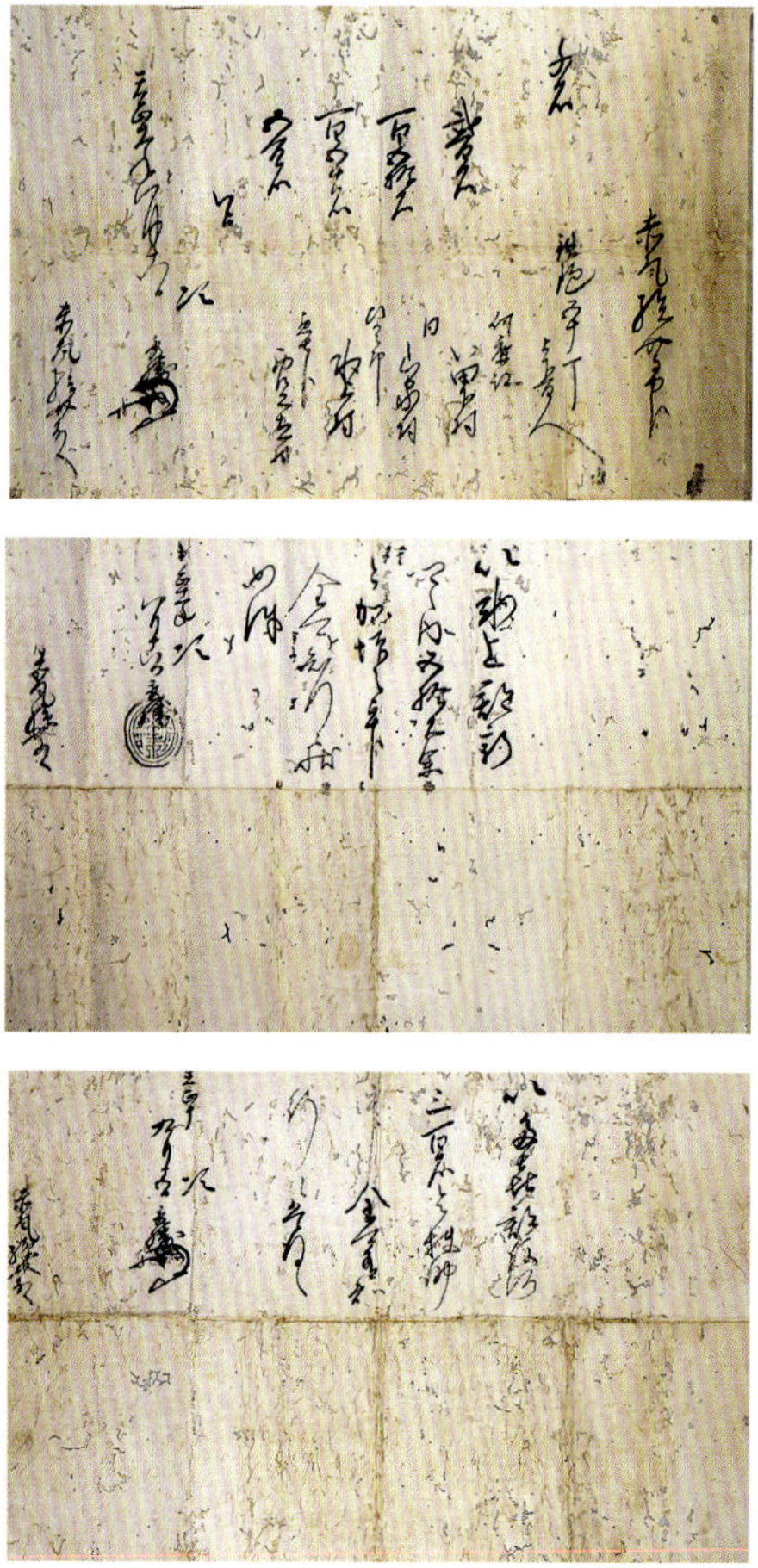

羽柴秀勝文書　安芸市立歴史民俗資料館蔵
天正十年（一五八二）に、羽柴御次秀勝（信長の四男で、秀吉の養子）から、その家臣である赤尾孫助に与えられた領知宛行状である。花押がある判物が二通、黒印状が一通。赤尾孫助は、若宮まつの前夫に当る。まつは五藤家に再嫁する際、この前夫の所持文書を持参した。

一通は同年十一月二日付で、河原にあった土地百八十歩を売却したものである。いずれの土地も、「若宮家領」とあり、父から受け継いだ若宮家の所領であった。この頃の「まつ」は、すでに五藤為重に再嫁し、飯村に帰ることもないと判断したため、若宮家領の一部を売却したものであろう。五藤為重との結婚は、一豊が長浜城主となった天正十三年から十四年頃と推定できる。

　一方、安芸土居の中に建つ安芸市立歴史民俗資料館には、多くの五藤家の文書が伝来している。その中に、三通の羽柴秀勝からの文書が含まれている。いずれも、「まつ」の前夫であった赤尾孫助宛で、天正十年（一五八二）八月十八日の判物《はんもつ》では、丹波国内で千石の領地と家臣百人を宛行われている。さらに、同日付けの黒印状では五十石の加増が与えられた。また、同年九月十五日付けの判物では、三百石の加増が認められる。これらは、秀勝が本能寺の変の後、丹波亀山城主となったのを機に、その家臣であった赤尾孫助へ加増された領地である。

　これらの文書を、「まつ」が持参して五藤家に嫁したことは実に興味深い。孫助が討死して断絶することになった赤尾家も背負って、「まつ」は五藤家に嫁いだことになる。連れ子の「しよろ」と共に、「まつ」は赤尾家の痕跡を、五藤家に植え付けることに腐心していたのだろう。

土佐へ行った家臣、飯村に残った家臣

　「まつ」は、五藤家に嫁した際、親の代からの若宮家の家臣四人を連れて来ていた。五藤家の分家・五藤五右衛門家の史料には、その四人の名前が記されている。すなわち、吉田忠右衛門・潮田（牛尾田）九郎右衛門・井ノ部（伊部）清右衛門・宮崎加兵衛である。彼らは、「まつ」が住む安

真慶寺　高知県安芸市本町
安喜浜村にあった浄土真宗寺院で、応永年中（1394〜1428）の開基と伝える。元禄12年（1699）に火災にあい、土佐藩主山内家から材木の寄進を受けた。若宮まつの家臣として安芸に移った牛尾田氏が檀家となっていたことが知られており、これは同寺の過去帳でも確認できる。

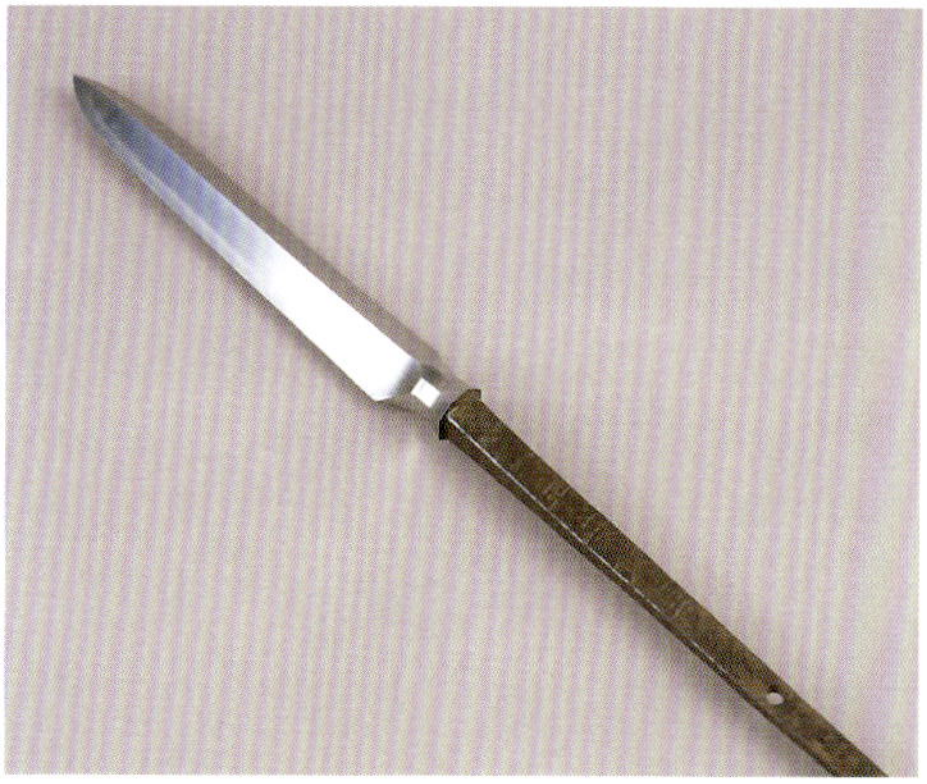

直槍　銘平安城住下坂　安芸市立歴史民俗資料館蔵
五藤家に伝来した槍で、作者は近江国坂田郡下坂（長浜市下坂中町・浜町周辺）出身の槍鍛冶である。この下坂鍛冶は、文禄・慶長年間（1592〜1615）に近江下坂で操業していたが、その前後から、越前・伊予・筑後など日本各地に分かれた。「平安城住下坂」は京都へ移住した下坂鍛冶。

芸土居を取り囲むように設けられた家臣団屋敷（廓中《かちゅう》）に住居した。四人の一人・牛尾田九郎右衛門の孫にあたる牛尾田九郎が、飯村に残った一族である同姓の牛尾田善右衛門に宛てた書状が残っている。その中で、「祖父九郎右衛門は近江より、左馬助の息女が五藤為重に嫁す供をして土佐に来た」と述べている。

また、この九郎の父か祖父が、飯村の同姓勘四郎に宛てた手紙に、「外記《げき》殿儀ハ土佐守御家老役」とある。「外記」とは五藤為重の子・正友で、土佐藩主である「土佐守」の家老をつとめていると述べている。この「外記」の名をとった「若宮外記仲間」と呼ばれる十八軒からなる組が現在も飯村にあって、若宮左馬助の位牌を守っている。

この「若宮外記仲間」こそ、若宮家の旧臣だったが、「まつ」に従って土佐には行かず、近江飯村に残り、若宮家の家領を管理してきた人々なのである。この組の人々の姓は、吉田・牛尾田・伊部・宮崎など、「まつ」に従った四人と同姓の者が含まれる。若宮家の家臣の中で、一人娘「まつ」に従い土佐へ赴く者と、地元に残り若宮家の遺領を後世に伝える者、それぞれ役割分担がなされたのである。

二つの家を背負った女性

その実名が「千代」であったかも覚束ない一豊夫人に比して、「まつ」については比較的多くの史料が残っている。四歳で父を亡くし、二十二歳で前夫を亡くし、そして五藤家に嫁した。彼女は父の若宮家、それに前夫の赤尾家、その二家を背負って五藤家の嫁となった。跡取りに恵まれなかった両家を背負っていたことは、連れてきた家臣・一人娘、それに持参した文書が証明していよう。若宮の一人娘である自らと、赤尾孫助との間に生まれた一人娘を、五藤家に嫁したことは、五藤家に若宮と赤尾の血を残す意味があったのであろう。彼女は断絶した二つの家の血筋を、土佐国に残すことができたことに、多少の安堵感を覚えて、安芸の地に眠っているはずである。

戦国三夫人物語

千代が尊敬したおねと松

作家　畑　裕子

義母の法秀院は別として、千代が生涯尊敬したのはおね（豊臣秀吉夫人）と松（前田利家夫人）であった。千代は弘治三年（一五五七）生まれであり、おねと松はそれより十年早い、天文十六年（一五四七）生まれの同年で、しかも二人は早くからの親友であった。

おねとの出会い

千代が初めておねと正式にお目通りしたのは天正元年（一五七三）、一豊が近江唐国の四百石の領主となってまもないころだった。信長から浅井氏の旧領江北三郡を与えられた秀吉への祝いと、唐国の領主に取り立てられたお礼に千代は今浜の城を訪ねたのである。そこには偶然にも松が一緒だった。

「山内一豊殿の奥方、千代さまですよ。さあ、お上がりなさいませ」とおねは、まるで同僚の妻であるかのように気さくな応対をした。千代がためらっていると

「あら、千代さま、何を遠慮なさっていますの。あなたの内助の功ぶりお聞きしていますよ。ねえ、松さま」

「そうですとも。我が家の利家なども、秀吉の麾下《きか》となった山内一豊の奥方はたいそう評判の賢女らしい。誰かさんも見習ってほしいですな、などと嫌味を言うものですから私、睨みつけてやりましたの」

千代は二人の会話に乗せられ、いつのまにか常の自分に戻っていた。主の妻と槍の又佐、といわれた信長の側近の妻を前に固くならないでいられようか。物怖《ものお》じしない千代もさすがに初めての出会いはもっぱら二

人の話を聞く側であった。

「私、秀吉のためにお祝いにきてくださった松さまに愚痴を聞いて頂《いただ》いていましたの。松さまはもう三人のお子をもうけられ、今また四人目を身籠っていらっしゃる。それに引き替え私は…。永禄四年に結婚してからもう十二年になるというのに子どころか、秀吉の浮気にきりきりさせられている始末。先だっても私になにくわぬ顔で女に子ができたようなので新しい城が完成したら引き取りたいなどと申しますの。ねえ、松さま、私どもにお腹のお子をくださいませんか。それはもう大切に育てますわ」

「嫌ですこと。嫉妬に狂う女にかわいい吾子《あこ》をあげられるものですか」

　松は笑いながら言う。

「松さまの意地悪。子のない女の気持ちなど少しもおわかりにならないのね」

　千代は二人の遠慮のない会話を耳にしながら羨ましく思った。おねが秀吉の浮気を信長に直訴したという話は有名であり、千代は常々おねを気概のある女人だと思っていた。それにもまして感服するのは、義理の両親の反対を押して結婚し、名もない夫を信長の側近中の側近、大将にまでのぼらせたことである。自分ごときが内助の功を讃えられるなど片腹痛かった。おねとは同じ江北に住み、上司の妻ということもあって珍しい物が手に入ると届けたり、ご機嫌伺いに出かけたりもした。千代が二度目に松と出会ったのは天正三年長浜城完成の折だった。小谷城下から商人や僧侶、町民が移り、城下は活気を呈していた。

「ご覧になって、千代さま。利家殿と松さまに強引に姫を貰い受けましたの。秀吉の可愛がりようったらそれはもう大変。私を素通りして豪姫や、豪、お豪なのですよ。ああいうのを目に入れても痛くないというのでしょうね。姫が病気でもすれば私どもは処罰されそうな剣幕ですの、ねえ、松さま」

「せめて半年くらい経ってからと申しますのに秀吉殿が豪を懐に抱いて奪うようにして連れて帰られたのですよ。大切にしていただけるのは有り難いのですが、南殿から生まれた若君、石松丸秀勝さまもかわいがってあげてくださいね。今だに南殿に嫉妬し、いらいら

なさるのだったら豪を連れて帰ります、と申していたところですの。千代さま、そう思われませんか」

千代は返事に窮し、おねの顔を見ると、おねは幼ごのように口を尖らせ、頬を膨らませていた。結婚して二年あまりの千代であったが、おねの世継ぎを望む気持ちは痛いほどわかった。だが、一年後、秀勝は病死してしまう。その後、秀吉は信長の四男を養子にもらい、おつぎ丸秀勝と名づけ、おつぎ丸が病死すると秀吉の姉の子を養子にし、小吉秀勝と、再び名づけたが、後に朝鮮出兵の際、またも病死してしまう。


夫たちは戦に明け暮れる日々であったが、安土城が完成してからは信長は戦いの合間を縫って城下や城内で相撲や馬揃えを催す。

とりわけ七月の盂蘭盆会《うらぼんえ》は盛大に行われた。天主や總見寺にはたくさんの提灯がつられ、信長の家臣の妻たちもこの行事を楽しみにし、奥方は奥方どうしで話に花を咲かせた。おねはいつでも持ち前の気さくさと明るさで中心的存在であった。

あと十年すれば一豊殿もひとかどの城主におなりだろうか。いや、ぜひなっていただかなければならない。そうでなければ法秀院さまが私を妻に請われた意味がないではないか。

千代がぼんやりそんなことを思っているとおねの声が耳に入ってきた。

「千代さま、どうなさいましたか。皆さん、このお方が、秀吉がよく口にする、一豊には過ぎたる女房、の千代さまですよ。例のへそくり十両を出して一豊殿に馬を買ってさしあげたというお方」

佐々殿の奥方や松が「一豊殿に失礼ですよ、おねさま」

と言いながら笑うので千代も微笑みながら言った。

「よろしいのです。一豊は主殿によく誉められておりますので。でも『一豊には過ぎたる女房』とは、これは初耳でございます」

「私ども妻は皆、夫には過ぎたる女房なのですよ。妻あっての夫の働きがあるのですから」

居合わせた奥方たちは皆、手を叩き、気勢を上げた。千代は奥方たちを眩しく見つめていた。

天正八年には与祢姫も生まれ、千代は戦場を駆ける夫の留守を子育てや情報の収集に余念がなかった。また武将の奥方たちに闘志を燃やす自分が愉快でもあった。


天正十年六月二日の思いがけない本能寺の変で、世の流れは秀吉の方に向き、やがて秀吉の天下となった。千代の願いはかなって一豊は長浜城主となる。このころ、千代は松の豪胆さを知らされ、自分はまだまだだと、嘆息する。家康方に与する佐々成政と金沢城主となった秀吉方の前田利家との末森城の戦いを前に、松

長浜妙法寺の秀勝廟

千代が尊敬したおねと松

は出陣に慎重な利家に皮肉たっぷりに檄を飛ばしたという。

　久方ぶりに京都で出会ったおねが千代の前で松の声音をまねて見せるのだった。「『殿が日ごろお貯えの金銀はもう無用。金銀が惜しいなら、金銀に槍を持たして召し連れよ』と金銀で膨らんだ、なめし皮の袋を利家殿に投げつけられたそうですよ。火急の時、強く夫に進言してこそ妻というべきです。さすが松さま。松さまは常々利家殿にいざという時に備えて兵を増やすよう申されていたのだそうです。ところが利家殿は貯えてばかり」

　千代は後年、関ヶ原の戦の前「編み笠の緒の密書」を下野 諸川に宿営する一豊に自分の意見を添えて届けさせるが、この時の松の言動が頭の片隅にあったことは否定できない。

　長浜城主となった一豊のもとに弟康豊をはじめ、一族がぞくぞく集まってきた。千代は不在がちな一豊に代わり、家政を担当する一方、世の動きにも敏感である。天正十三年七月秀吉が関白に叙任されたことを知ると早速、おねの元に祝いの品と文を届けた。一豊が「関白就任の祝いとして何を贈ったらよいだろう」ともちかけると、千代は涼しい顔をして「あらそれならもうお贈りしましたわ。おねさまから礼状も届いております」と言うのである。一事が万事で、一豊はそんな妻を満足げに見やるのだった。

「ところで殿、こたび関白さまの命により秀次殿の老臣となられるそうですね」一豊は千代の言葉に唖然とする。「これからそのことをお千代に話そうと思っていたのだが、どうして知っているのか」「私は一豊殿の妻ですぞ。おねさまや松さまにはかないませんが」。

千代は自分のもとに情報を報せてくれる人間を数人抱えていたが、一豊には内緒にしていたのである。

　二人の間にようやく恵まれた一粒種の与祢姫はすくすくと成長していた。一豊と千代はいずれはこの姫に妹の合と野中良平の子、甥の良明を養子に迎え、与祢姫と結婚させるこころづもりであった。ところが、六歳になった可愛らしい盛りの姫が突然他界するのである。

　天正十三年十一月二十九日、突如大地震が江北一帯を襲ったのだった。一豊が京都へ出仕していた留守中の出来事で、千代は潰れた御殿の上に茫然自失の状態で座っていた。

　与祢姫を失った悲しみは日ごとに増し、おねや松をはじめ多くの方々から見舞いの文をもらったが、千代は依然として魂の抜けたような日々を送っていた。一豊も同じであった。おねの二度めの文には「気丈な千代さまのこと、少しずつお元気になられていることとお察ししています」などといった言葉が連ねられていた。ところが千代はおねに感謝するどころか、おねさまは実のお子をお持ちでないからそんな呑気なことがいえるのだわ、と心の中で毒づいたりもした。

千代も一豊もただじっと悲しみに沈んでいたのではない。法華宗から禅宗へ転向し、美濃の瑞龍寺の南化和尚について参禅を始めた。そんな時、さらに追い打ちをかけるように翌年七月十七日、母法秀院が病死する。千代が慕い、尊敬してやまない義母であった。

法秀院の墓

　夫妻の心の空白を埋めてくれたのが、後の湘南和尚である。実子誕生の望みがなくなった千代は一豊とともに実子のように拾子を慈しみ育てる。千代は秀吉が豪姫を溺愛する気持ちがよくわかった。いつか長浜城でおねから秀吉が播磨へ出陣していたとき、留守をする豪姫に文が送られてきたと聞いたことがある。「おととは、可愛いそなたに一日も早く会いたい。かならずこの姫路へ呼び出してやるから安心するように」とおねは秀吉の声音をまねてみせるのだった。

　拾子を巡って千代は一豊と一世一代の大議論をする。一豊が拾子を養子にして山内家の後継者にすると言い出したのだ。「拾子と噂のある者を後継ぎにしては将来山内家に瑕瑾《かきん》を残します」と言い、千代は一歩も譲らなかった。千代の耳裏でおねや、松の「火急の時、強く夫に進言するのも妻の役目ですわ」と言う声が響いていた。結局、千代の頑張り勝となり、後年、弟康豊の長男、忠義が養子となり、二代目土佐藩主となる。

　大坂城が完成すると家臣の屋敷も造られ、千代は大坂屋敷に居住することが多くなった。おねは押しも押されぬ北政所となり、以前のようにおねを訪れることは少なくなったが、文のやり取りは続いていた。長浜時代と違い、おねはいらつくようなこともなくなっていた。おおらかなおねの振る舞いに千代は天下人の正室の貫禄を見た。

「千代さま、秀吉はますますお口がうまくなりましたよ。あちこちに側室を囲っているのがうしろめたいのでしょう。『そもじのみは別の別』なんて文を送ってよこしますの。それにしてもお宅の一豊殿はなんと身持ちのよいお方。千代さまはご苦労がなくて羨ましいですわ」

千代はおねの言葉から淀殿が側室に上がったことを気にしているのだろうか、と思った。

「でも関白さまは心からおねさまに感謝し常に立てていらっしゃいます」

「それはまあ、そうかもしれません。けど秀吉の人身掌握術に私はまんまとはめられているのかもしれません」

「それもよいではございませんか」

「まあ、千代さまったら。嫉妬に苦しまれたことのない方には私の心中はわかっていただけないかもしれません。しかし、それももう過ぎたこと。私は大坂城内を取り纏めることに頭を使い、嫉心などどこかへ飛んでいってしまいましたわ」

人間として大きく成長していくおねを千代は惚れ惚れと眺めていた。

太閤秀吉の死後、大坂城を出て京都の三本木の屋敷で暮らすようになったおねと、千代は今まで通り、交流を続ける。口さがない者たちは淀殿がおねを追い出したと吹聴しているようだが、そうではない。おねさまは秀吉殿の菩提を弔いながら自ら第二の人生を送ろうとなされているのだ、と千代は思っていた。

後年、出家したおねを千代は高台寺に訪ねたことがあったが、おねはしみじみ言うのだった。

「私は実子がないことを嘆き、悲しんだものですが、今ではよかったと思っているのですよ。もし私が子を生んでいれば、淀殿と同じ立場に立っていたでしょう」

千代はおねの言葉を聞きながら、それはそのまま自分にもあてはまると思った。もし二代目土佐藩主となった忠義が実子であるなら一豊亡き後、こうして京都に出て新たな旅立ちをしていただろうか。

「確かに淀殿はお気の毒でございます。秀頼殿を必死で盛り立てようとなさるがゆえに、時代の趨勢がお見えにならない」

「一介の大名に落ちても豊臣家を存続させた方がよい、と淀殿に申してもおききではない。それどころか私は家康殿の回し者と思われてしまいましたよ。」

子を思う親の心の闇、とはよくいったものです。ところで松さまが京に芳春院を建立されるそうですよ」

利家亡き後、嫡子利長が家康から謀反の疑いをかけられ、松は前田家を守るため、慶長五年から徳川家の人質として江戸で暮らしていた。人質の身ゆえ、千代は文を送るのも控えていたが、おねと松は今も文のやりとりがあるのだろう。

「大徳寺の高僧に帰依し、禅の修養を積みたいと文に記してありました」

「五十四歳で江戸に行かれてから早、八年。いつになったら人質から解き放たれるのでしょう。松さまも前田家存続のため耐えていられるのでしょうね。また以前のように三人でお会いできる日がくるでしょうか」

千代はそう言いながら松の心中を思った。与祢姫を亡くした時、千代と一豊も禅宗に帰依していた。気丈な松も今や六十二歳の老いの身。どれほど心もとないことだろう。心の平静を保とうと努める松の姿が目に浮かんでくる。

気楽な身分の千代もときには養子の忠義を手紙で叱りつける。離れていてもやはり土佐の治世が気になるからだ。家康の養女阿姫を忠義の正室に迎え、山内家安泰を見通した上での旅立ちであったが、目付け役を放棄したわけではなかった。

若い忠義を叱りはしても千代には大事な養子、可愛くもあり、千代も時には甘えて頼み事をすることがあった。おねが所望する薄色の山茶花を送ってくれるよう忠義に頼んだこともある。

三人が最後に会ったのは元和三年、京都においてであった。豊臣家はすでに滅び、松はその後ようやく人質から解放され、加賀に戻っていた。桑原町の屋敷で仏教道歌を詠んでいると、おねから文が届けられた。それには松が京都にやってくると記されていた。

高台寺で松を待っていると数人の侍女に付き添われ松が現れた。

「松さま」

千代はおねとともに駆け寄り、松の手を握りしめた。何か言おうとするのだが言葉が詰まり、出るのは三人とも涙ばかりであった。人質になってから十四年あまり、松の顔にはその間の心労が幾筋もの皺となって刻まれていた。

「こうしていると長浜のお城にいるような気がします」

しんみりと言うおねはやはり豊臣家の滅亡を悲しんでいるのだろうか。涙が新たに光った。

「あのころ松さまは豪姫を連れて帰ると息巻いていらっしゃいましたね」

「長浜時代が懐かしい。私、秀吉を禿鼠の好色親父と

千代が尊敬したおねと松

罵ってやりましたわ。ところで松さま、豪は息災にしていますか」

「お陰さまで。ときおり八丈島に流された夫の宇喜多殿や子たちを思い、沈んでいるときもありますが、運命に甘んじようとしているようです」

関ヶ原の戦い後、秀吉夫婦の養女、豪は前田家に帰っていた。

戦国の世に生まれ、武将の妻として夫を叱咤激励してきた果敢な賢女たちも若い時のようにおしゃべりに夢中になることもなかった。その分、思いは深く、しめやかに互いの境遇を思いやるのだった。

芳春院から使いの者がやってきて、松が病になり、急ぎ金沢へ帰国することになったと告げられたのは再会から三日後のことである。

千代は不吉な予感がした。もしかすると松さまはお別れに参られたのかもしれない。七十一歳におなりとはいえ、おねさまに比べると顔の色艶も尋常ではなかった。立ち居の時に手を貸そうとする侍女に松は首を振り自ら立ち上がろうとしたが、よろけた松をおねがすかさず支えた。千代はそんな松を思い起こし、胸が騒いだ。

松の死はそれからまもなくだった。江戸から帰って三年足らずの月日を松は読書や座禅、ときには出遊風詠して老いてなお、自らを養ったという。「松さまもおねさまも私が生涯尊敬する女人」千代はそう独り言ちた。

その年の秋、松の後を追うように千代は病になった。症状は芳しくなく、土佐藩へも知らされた。千代は死を覚悟し、遺言も記した。

「一豊殿、そろそろそちらへ参りますぞ。お待ちであったでしょう」。夢現つの中、千代は呟く。

幸運にも、千代は一時、小康状態を得る。が、再び悪化し、同年十二月四日京都の桑原町の屋敷で六十一歳の生涯を閉じたのである。

千代の死を知ったおねは呟いた。

「一豊殿と千代さまはそろって六十一歳でお亡くなりになった。お仲のよいご夫婦であること。それにしても秀吉はいつ私を迎えにきてくれることだろう。あの世でもたくさんの女人たちに囲まれ、私のことなど忘れているのではないかしら。あの浮気者め」

おねは独り苦笑した。

松と千代があの世の人となってから六年後、おねは七十七歳という大往生を遂げる。

たくさんの共通点を持つおね、松、千代はあの世でも交わり、夫たちを叱咤激励しているだろうか。

一豊と千代の霊屋

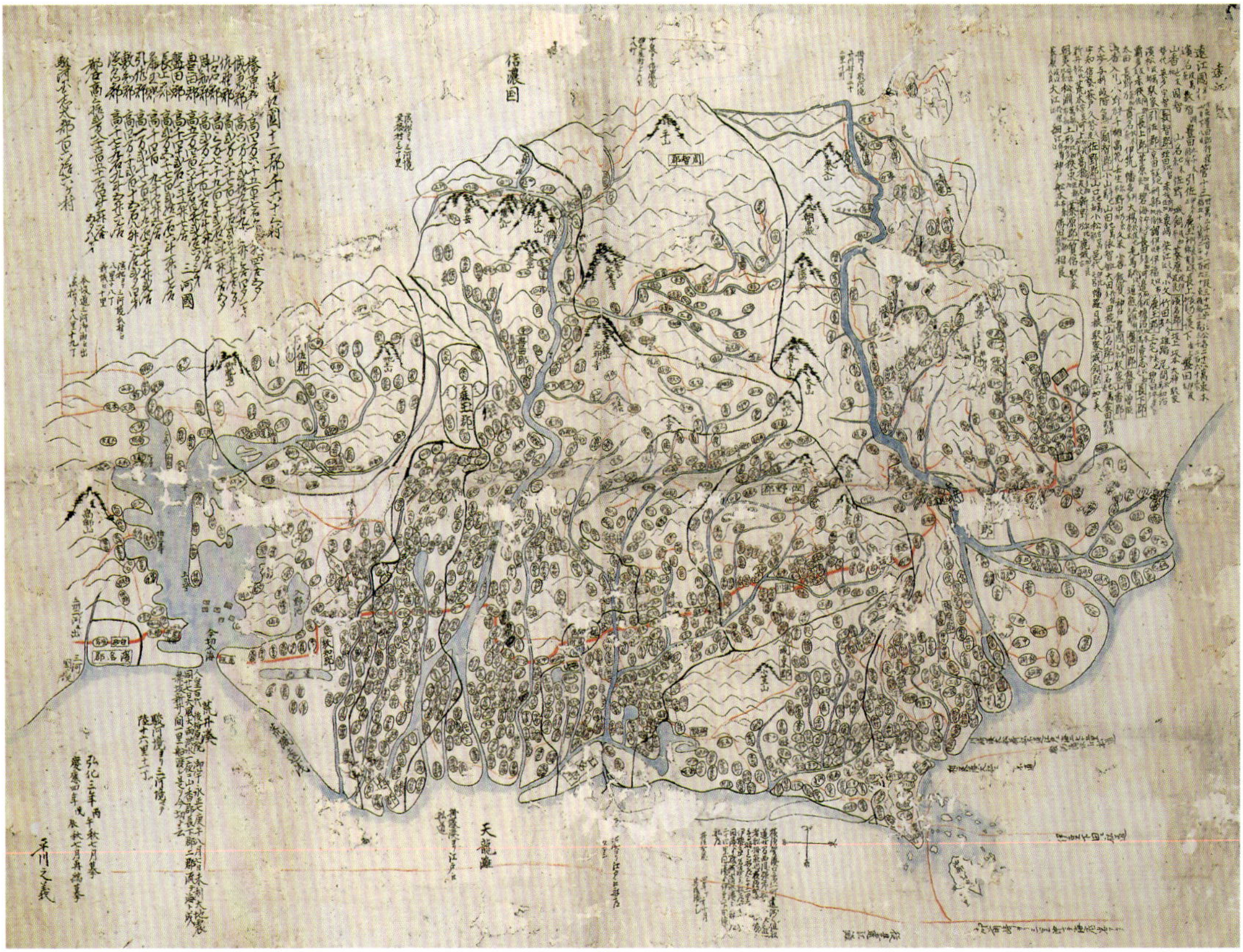

遠江国十二郡千六十三村図　掛川市二の丸美術館蔵

現在の静岡県西部にあたる遠江国の絵図。掛川藩士平川之義によって、弘化3年（1846）7月に描かれた原図を、慶応4年（1868）7月に再編集したものである。村名を俵形で表示し、郡ごとの石高を表示するなど、明らかに幕府提出国絵図の影響を受けている。一豊は、この遠江国内の東部に当る佐野《さや》・榛原《はいばら》両郡で5万石を得て、佐野郡掛川の城主となった。

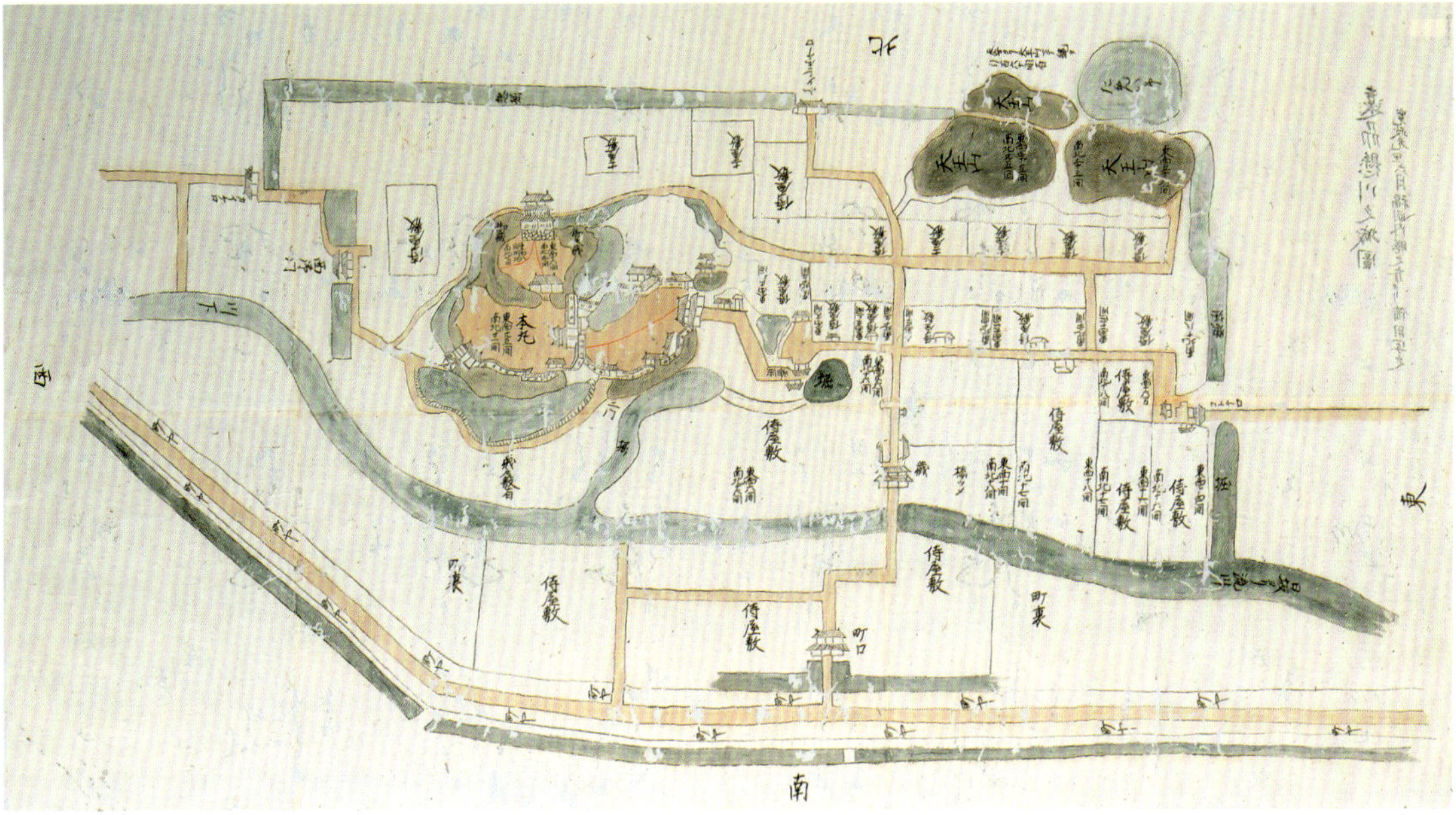

遠州懸川之城図　安芸市立歴史民俗資料館蔵

山内一豊が天正18年（1590）に城主として入った掛川城と城下町の図。本図は、寛政元年（1789）6月の写である。入部した一豊は、城と城下町の大改造を行い、主に逆川《さかがわ》の北に武家屋敷、南に町人屋敷を配置したが、この図では後者が縮小して描かれている。また、城と町の周りに堀をめぐらす「総構」を造成したが、これは本図にも表れている。

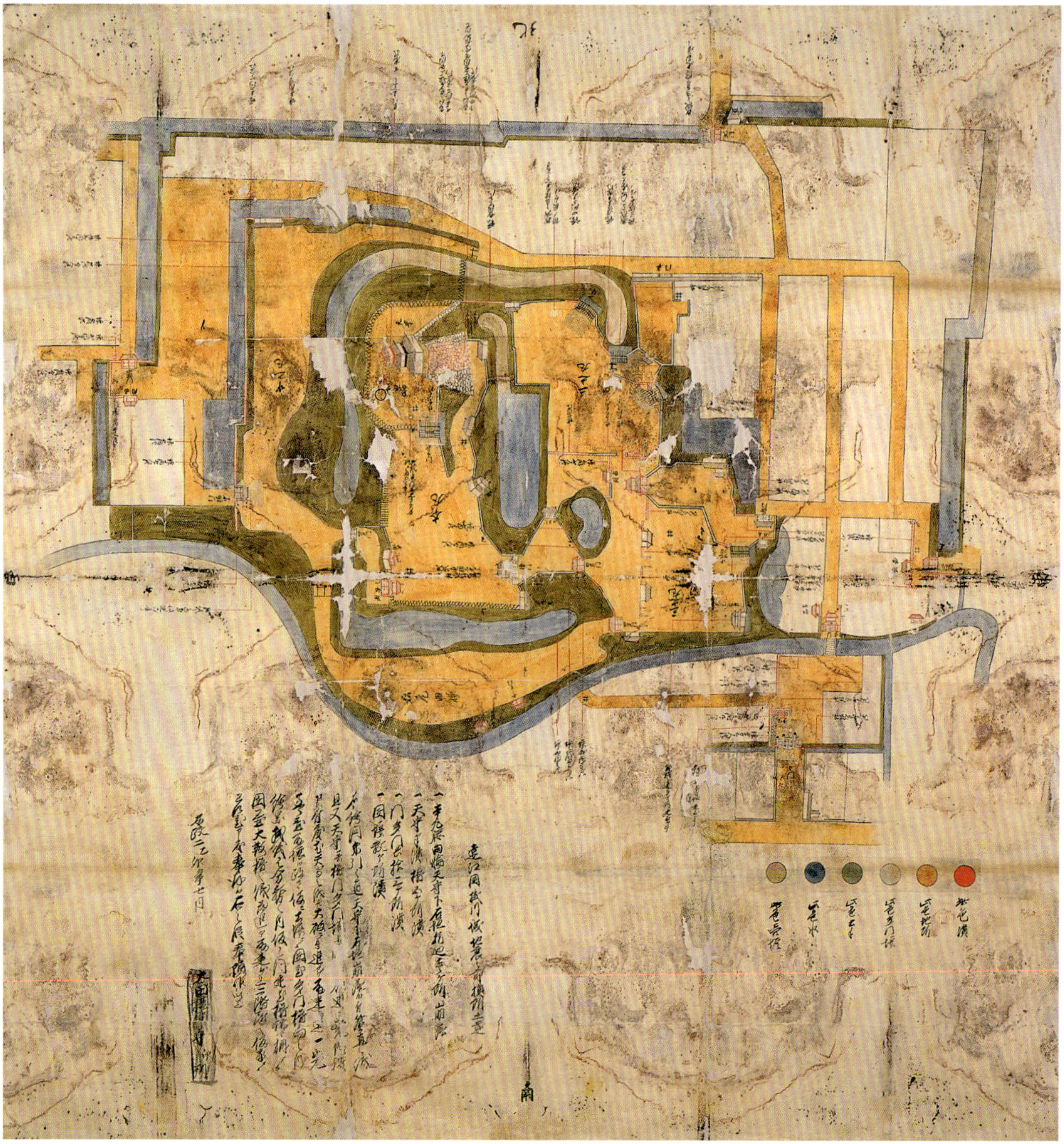

遠江国掛川城地震之節損所之覚図　掛川市二の丸美術館蔵

嘉永7年（1854）11月4日に起きた大地震の被害状況を、幕府に報告するために製作した図面である。朱筆で示した所が損壊場所である。存在したはずの二の丸御殿がまったく描かれていないのは、戦闘用以外の建物については、幕府への報告義務がなかったためと考えられている。また本図は、一豊が築いた掛川城の縄張を知る上でも好史料である。

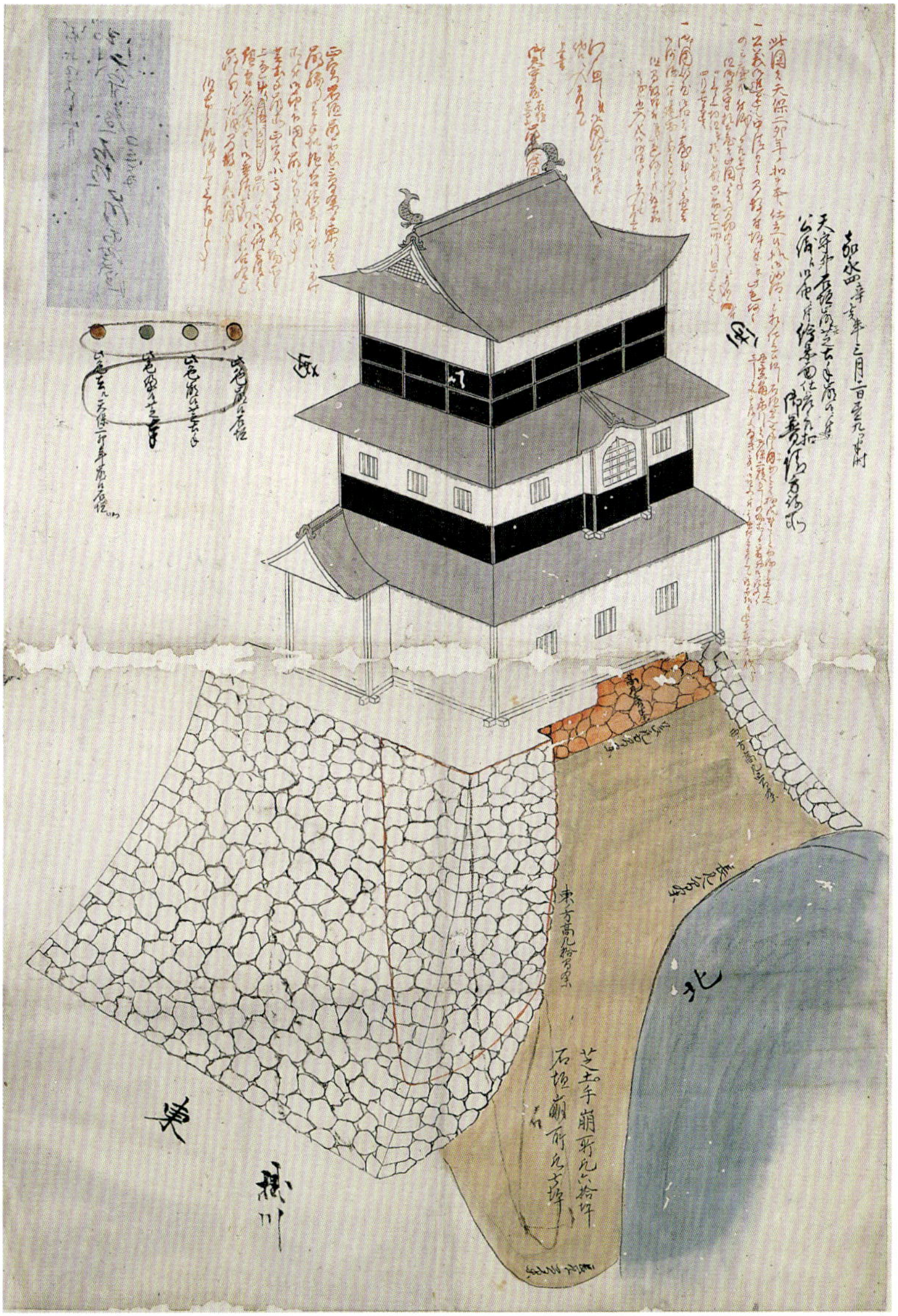

御天守台石垣芝土手崩所絵図　掛川市二の丸美術館蔵

掛川城の天守閣北面の石垣と芝土手が、嘉永4年（1851）に崩れた状況を、幕府に報告するために作成された図面。一豊が築いた天守閣は、下見板張り外観三重の望楼型天守で、最上階には廻縁と高欄があったと考えられている。この図に廻縁が見えないのは、後世、外側に覆いをして建物内部に取り込んだためと見られる。

掛川城主時代の一豊

太田　浩司

掛川城天守閣　掛川市掛川

掛川城天守閣は嘉永7年（1854）の大地震により損壊、再建されることなく明治維新を迎えた。現在の天守閣は、平成6年に復興されたもので、外観3層、内部は4階となっている。高知城天守を参考に、一豊時代の初期天守を想定、望楼型天守で設計されている。戦後としては珍しい木造で建設された。

掛川城と城下町の整備

天正十八年（一五九〇）に「小田原攻め」を終えた一豊は、豊臣秀次の宿老として、近江国長浜から遠江国掛川に転封となる。同年の九月二十日に、秀吉から一豊へ与えられた朱印状が残されているが、そこには榛原《はいばら》郡内で三万石、佐野《さや》郡内で二万石、計五万石の領地が与えられたとある。その後、文禄三年（一五九四）九月には、伊勢国鈴鹿郡内で千石、さらに文禄四年（一五九五）七月十五日には、遠江国内の豊臣秀次旧領八千石を宛行《あてが》われている。豊臣秀次は、皮肉にも一豊に加増が伝えられた当日、秀吉の命により高野山で切腹の憂き目にあっていた。その他、一豊は約一万五千石程度の代官支配地を、掛川周辺に秀吉から預かっている。

一豊は、今川家や徳川家の家臣によって構築された掛川城と城下町を一変させている。それまでの掛川城は、土塁と堀をもって固められた中世城郭であったが、一豊は他の秀次家臣たち同様に、徳川領国に織豊系城郭の技術を移入、石垣や瓦葺《かわらぶき》建物、それに天守閣と、前代には考えられなかった城郭を造り出した。天守閣は天正十九年（一五九一）から五年間を費やして建造されたもので、高知城天守閣の雛形となったとされるが、嘉永七年（一八五四）の大地震で崩壊している。

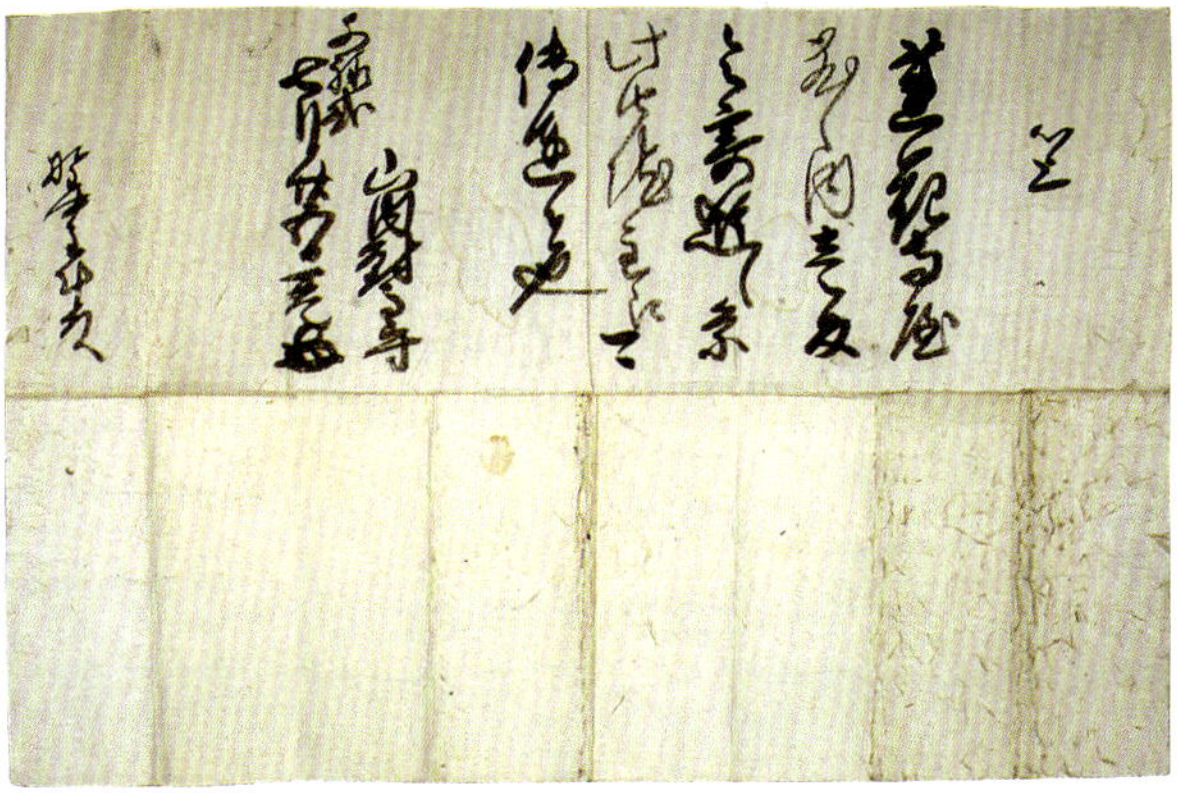

山内一豊判物　蓮華寺蔵
文禄二年（一五九三）七月二十五日に、蓮華寺屋敷内一反を寄進する旨を伝達するよう、一豊が家臣の野村主計に命じた文書。蓮華寺は、静岡県周智郡森町森にある天台宗寺院で、現在は「萩の寺」として名高い。

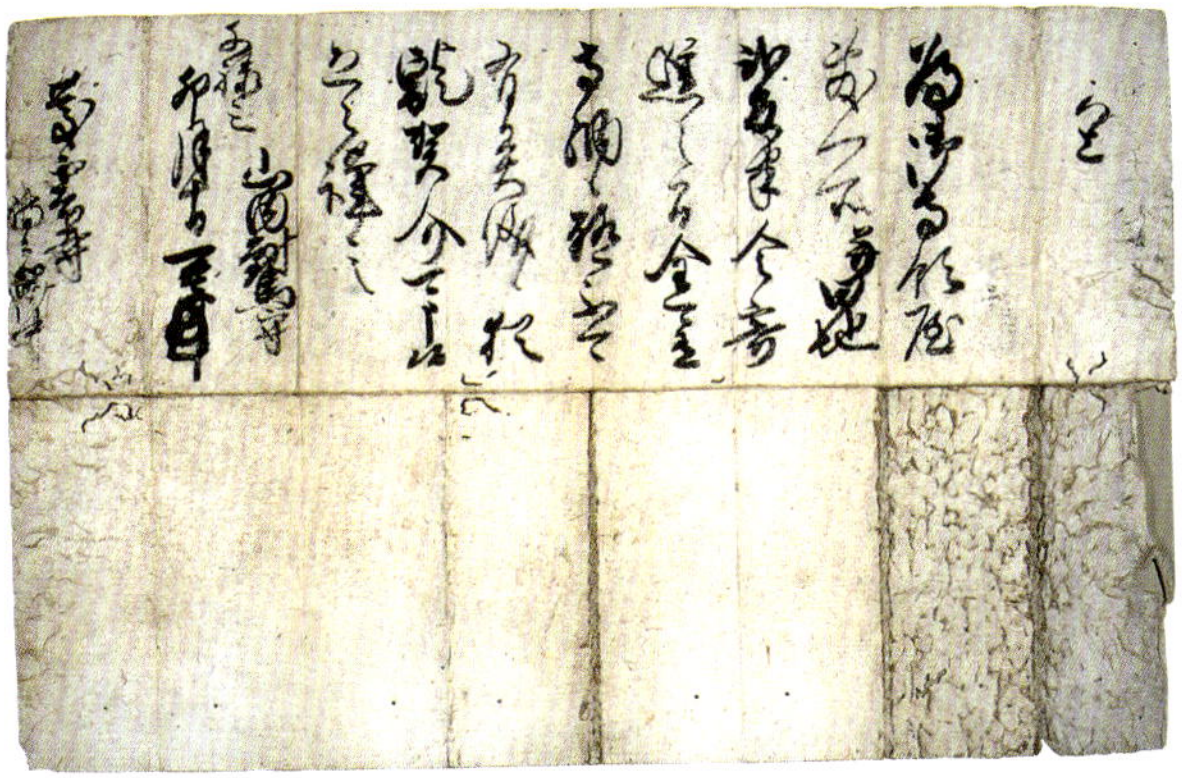

山内一豊書状　慶雲寺蔵
文禄三年（一五九四）四月十日に、慶雲寺に対して寺領屋敷一ヶ所と、田地二反半を寄進するよう伝えた文書。慶雲寺は静岡県掛川市伊達方にある曹洞宗寺院である。掛川時代の一豊文書の現品は少なく、この二通は貴重な史料である。

また、城域の拡大も行い、特に東側には三重の堀を構え、城の南側は蛇行する逆川《さかがわ》を天然の堀とした。城下町についても、城の南を走る東海道を城下町に取り込み、武家屋敷は城の東西に、町屋は逆川を挟んだ南側の対岸に配置した。

城下の連尺町《れんじゃくまち》は、大手門付近に設けられた商業振興特区として位置づけられ、近江から一豊に従って来た商人が居住したという。同町で本陣役を務めた沢野家は、浅井氏の旧臣と言われ浅井郡沢村（滋賀県東浅井郡湖北町沢）の出身で、一豊に従い掛川入りしたが、土佐へは同行しなかったと伝えている。

領地宛行と寺領安堵

一豊の掛川における政治について、現在最もよく史料が残されているのは、家臣への知行宛行と寺領安堵である。前者の知行宛行について、古文書原本の存在が確認されているのは、五藤市左衛門へ天正十八年（一五九〇）十月七日、榛原・佐野郡内で百六十石を宛行っている判物のみである（安芸市立歴史民俗資料館蔵）。しかし、高知県

永江院総門飾龍彫刻　静岡県掛川市下垂木
曹洞宗寺院・永江院の総門飾である龍の彫刻で、掛川城主山内一豊の寄進と伝える。あわせて、作者は飛騨高山の大工・藤原棟教であることが、文禄二年（一五九三）に記された当時七世・粂田耕作による添文によって知られる。総門は再建されたが、この彫刻のみは古材を再利用している。

立図書館に保管される『御家中先祖書系図牒』に載る写としては、福田少太郎（六十石）・乾正信（百三十六石）・祖父江勘時（五百石）宛の判物の存在が知られている。この他、同日に板坂利正に対して「榛原郡所所浦役付《つけたり》船奉行職」を命じており、その他にも奉行職・仕置役などの役職名が家臣系図類などに見え、詳細は不明だが後の土佐藩につながる職制が確立されていたようである。

一豊の寺領安堵について、古文書原本が確認されているものは、天正二十年（一五九二）十二月七日、高雲寺（周智郡森町一宮）に対して「寺中屋敷」などの安堵を命じた書状や、文禄二年（一五九三）七月二十五日、家臣の野村主計に対して、蓮華寺（周智郡森町森）への屋敷内一反の寄進を伝えた判物、それに文禄三年（一五九四）四月十日、慶雲寺（掛川市伊達方）に対して、寺領屋敷一所と田地二反半を寄進した文書などが知られている。この他、城下の天然寺（掛川市仁藤町）には寺領十六俵と「寺中屋敷」などを安堵し、永江院（掛川市下垂木）には、総門飾の龍の彫刻を寄進し、この彫刻も現存している。

この他にも、一豊とゆかりの寺は多い。入国早々の天正十八年には、城下の仁藤《にとう》村（掛川市仁藤）に在川禅師を開山とする真如寺を建立しているが、この在川は一豊の軍事・政治上の相談役を務めた。また、三河国幡豆《はず》郡から来た法道によって円満寺（掛川市西町）が城下の西に建てられているが、この寺には現在も一豊位牌が伝わっている。また、長浜から要法寺も招請した。この真如寺・円満寺・要法寺は、いずれも土佐に移されたが、真如寺と円満寺については掛川にも寺を残している。現在、城の北に鎮座する龍尾神社（掛川市下西郷）は一豊の信仰が厚く、もともとは掛川城内となった天王山にあったが、築城時に現在地へ移された。

検地・築堤と交通支配

さらに、一豊による領内政治については、検地を上げることができる。一豊は文禄二年（一五九三）から翌年にかけて、領内の検地を行い、百六十九ヶ村・五万八千百三十二石が把握されている。一豊が秀吉から与えられた朱印高五万石を越える数値で、山内家や藩財政の安定につながったと考えられる。また、『竹下村誌稿』などによれば、一豊は牛尾山（島田市牛尾）と横岡（島田市横岡）との間に堤防（山内堤・志《し》都呂《とろ》堤と呼ばれる）を築いて大井川の流路を東に変え、旧流路を開墾して新田開発を

久延寺内茶亭跡　掛川市佐夜鹿
関ヶ原合戦前の慶長五年（一六〇〇）六月二十四日、会津攻めに向かう徳川家康を、山内一豊が接待した茶亭の跡と伝える。東海道沿いの峠道「小夜の中山」にある久延寺境内にある。「小夜の中山」は、古代以来の東海道の難所の一つとして知られ、佐野郡と榛原郡の境に当る。

行ったと記している。この大井川の流路の変更は、駿河国府中城主中村一氏によって行われたという説もあるが、一豊の掛川時代の業績として注目したい所である。

　掛川は東海道沿いにあたり、畿内と関東を結ぶ交通上の要所であった。掛川城主一豊にとっては、領内を通過する物資・人馬の監督は大きな使命であった。たとえば、天正十九年七月八日の浅野長吉書状では、奥州で起きた葛西・大崎一揆の首謀者たちの首・鼻を、京都まで送り届けるように一豊は依頼されている（土佐山内家宝物資料館蔵文書）。

　また、文禄二年（一五九三）閏九月二十二日に、伊豆国熱海で湯治を行った秀次が掛川領を通過するに当り、領内の道・橋の修理を行い、大井川右岸の川尻（榛原郡吉田町）に茶亭を設け秀次を饗応している。ただし、一豊本人は京都にいたようで、これらは家老の野中主計を中心に対応したようである。また、関ヶ原合戦の直前、会津攻めに向かう徳川家康を、六月二十四日に東海道沿いの峠である「小夜の中山」で接待したという話も伝わっている。

十年間の城主時代

掛川時代の一豊は、秀次の宿老として京都での仕事も多く、掛川と京都を往復していたと考えられる。見性院を始めとする子女も、この時代は京都で生活していたと推定される。秀吉による朝鮮出兵に当っても渡海することなく、京畿の警護を担当していた秀次の側で勤務していた。たとえば、文禄元年（一五九二）四月二十八日に、秀吉が朝鮮に渡った軍隊がソウル近くまで攻め入ったことを、畿内にいたと見られる一豊に知らせた朱印状（土佐山内家宝物資料館蔵）は、留守番役としての一豊の姿をよく表している。また、一豊と遠江国久野《くの》城主であった松下之綱が、天正十九年十二月五日、長さ十八間・幅六間の朝鮮出兵用の軍用船の建造を、豊臣秀次から命じられた朱印状（同館蔵）も現存する。この大船は、大井川の右岸にある川尻で建造されたが、やはり朝鮮出兵については、後方支援が一豊の主な任務であったことが確認できる。

　一豊の一生にとって、掛川の十年間は城主として最も長い期間であった。その意味では、領主としての才能を遺憾なく発揮した所と考えられる。ただ、畿内政治に多忙で掛川領内については家臣任せという一面があったと考えられる。そのためか、掛川時代の史料は乏しく、その全容が必ずしも明らかにできないことは残念である。

掛川城二の丸御殿　掛川市掛川

日本では数少ない江戸時代の御殿遺構の一つである。嘉永七年（一八五四）の地震で倒壊した為、時の城主太田資功《すけかつ》によって、安政二年（一八五五）から文久元年（一八六一）にかけて再建された。御殿のほんとんどが残存するが、北側にあった台所のみ失っている。重要文化財。

一豊が10年間城主をつとめた掛川周辺図
（地名表記・境界は、平成16年度以前の状況で表しました）

五藤家家宝の鏃　安芸市立歴史民俗資料館蔵

天正元年（1573）8月14日の刀根坂の合戦で、越前朝倉氏の家臣である三段崎《みたざき》勘右衛門と格闘した際、一豊の顔に刺さった鏃《やじり》と伝える。五藤為浄は、山内一豊の最も古参の家臣であったが、主命でこの鏃を抜き現在まで家宝として伝えてきた。ただし、家伝記類の多くは、元亀元年（1570）4月の越前侵攻時の話として記している。

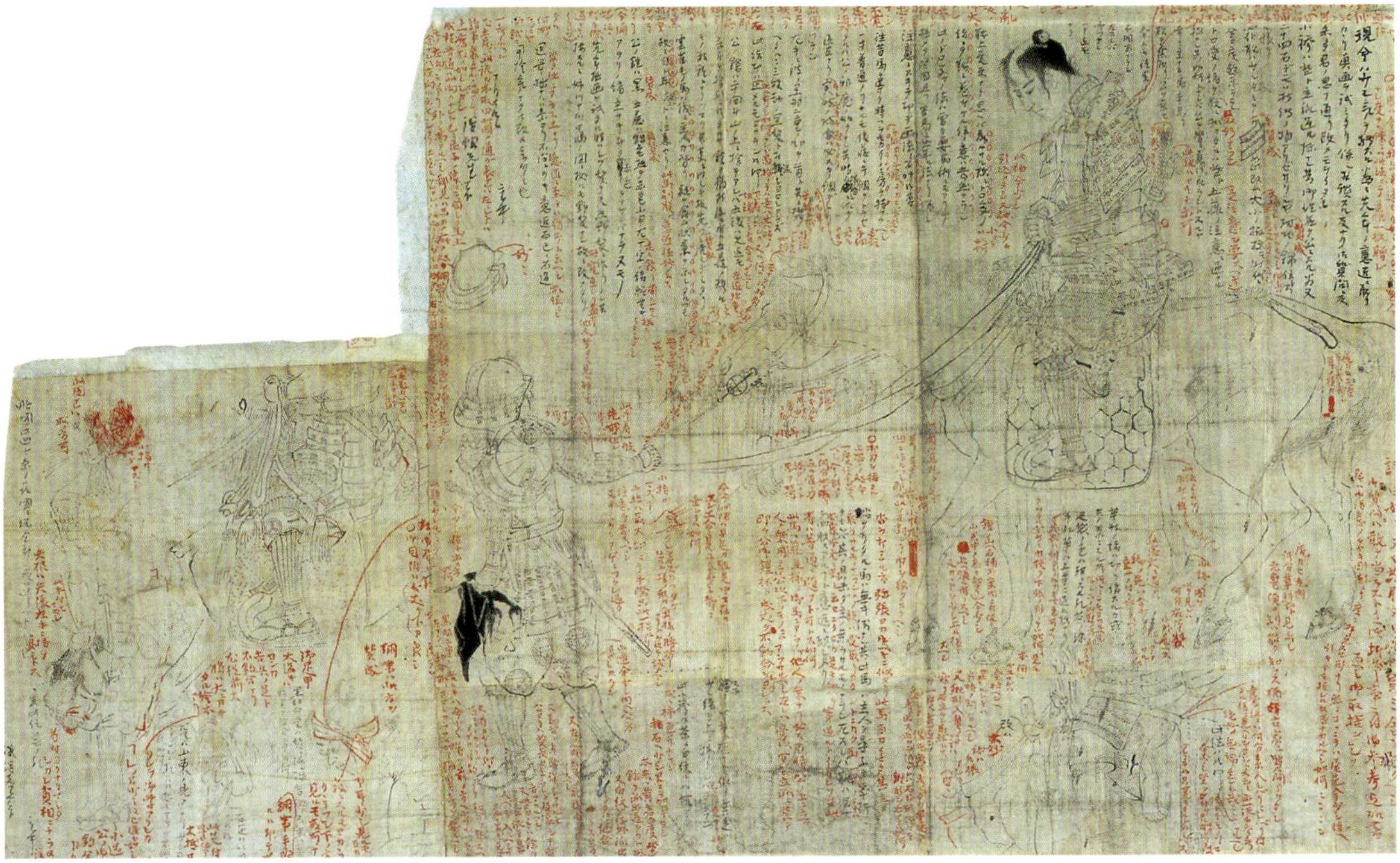

一豊奮闘絵図　土佐山内家宝物資料館蔵

三段崎勘右衛門との死闘を終え、戦場から引き上げる一豊と五藤為浄の姿を描いた図である。傷が痛むのであろうか、うなだれて馬上にある一豊を右に配し、左に馬を引く為浄は、後向に描写されている。周辺に書かれた墨書・朱書は、いずれも絵に対する指示で、本画が下書であることが分かる。左側には、一豊が乗る鞍や為浄が持つ首の周辺について、別の描き方を示している。文字の形状からいっても、近代の作品であろう。

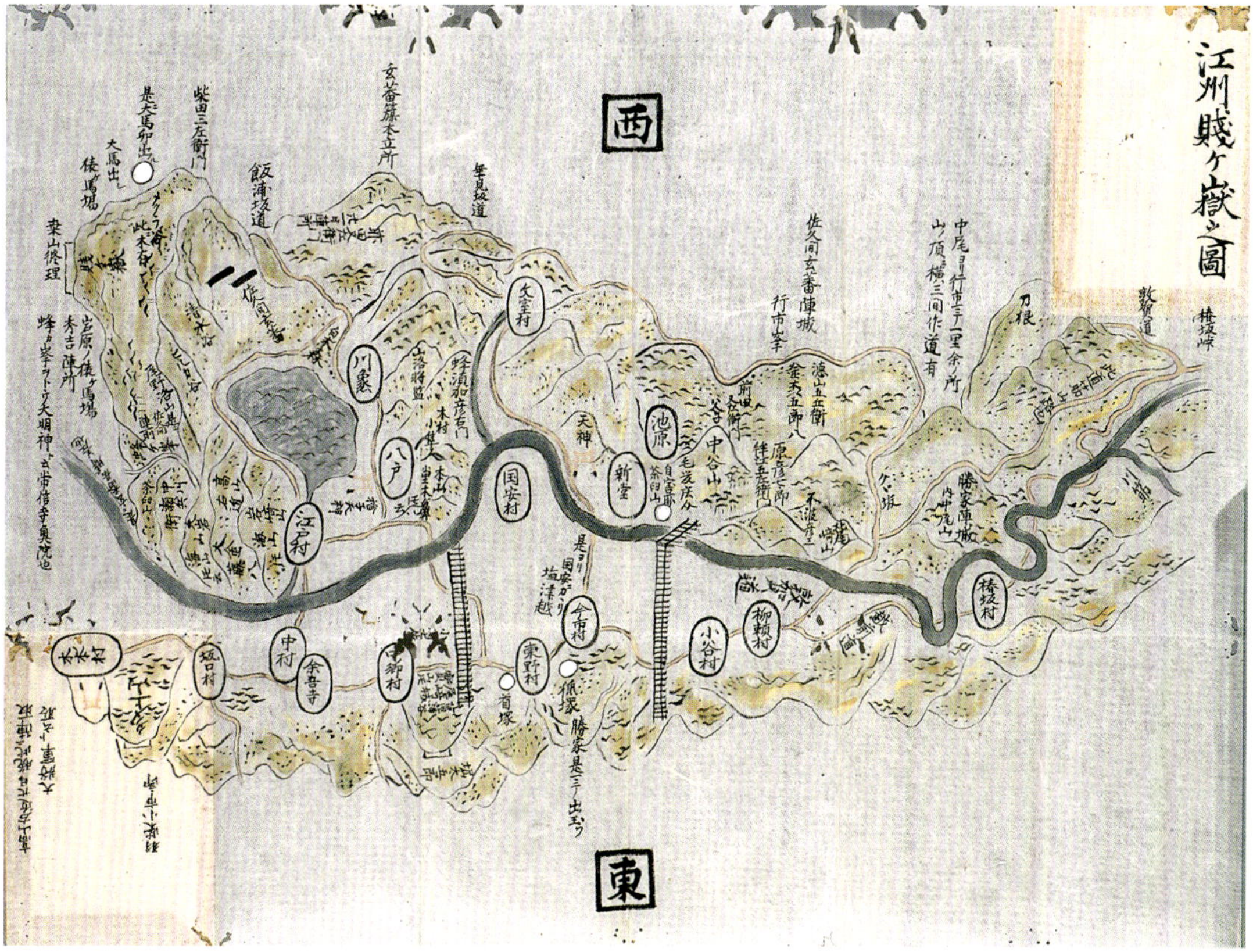

江州賤ヶ嶽之図　安芸市立歴史民俗資料館蔵

南北に貫く北国街道を中心に、その両脇の山並を描き、左上には余呉湖も記している。南は秀吉の本陣があった木之本から、北は柴田勝家本陣・内中尾山城（玄蕃尾城）の北西に当る椿坂峠までを視野に入れている。地名や、主な砦にいた武将名を記す点など、通常の賤ヶ岳合戦図であるが、山内家の老臣である五藤家に伝来していたことに大きな意味がある。なお、刀根坂を、この絵図では「クヾ坂」と表現している。

一 長久手
二 長久手
三 長久手

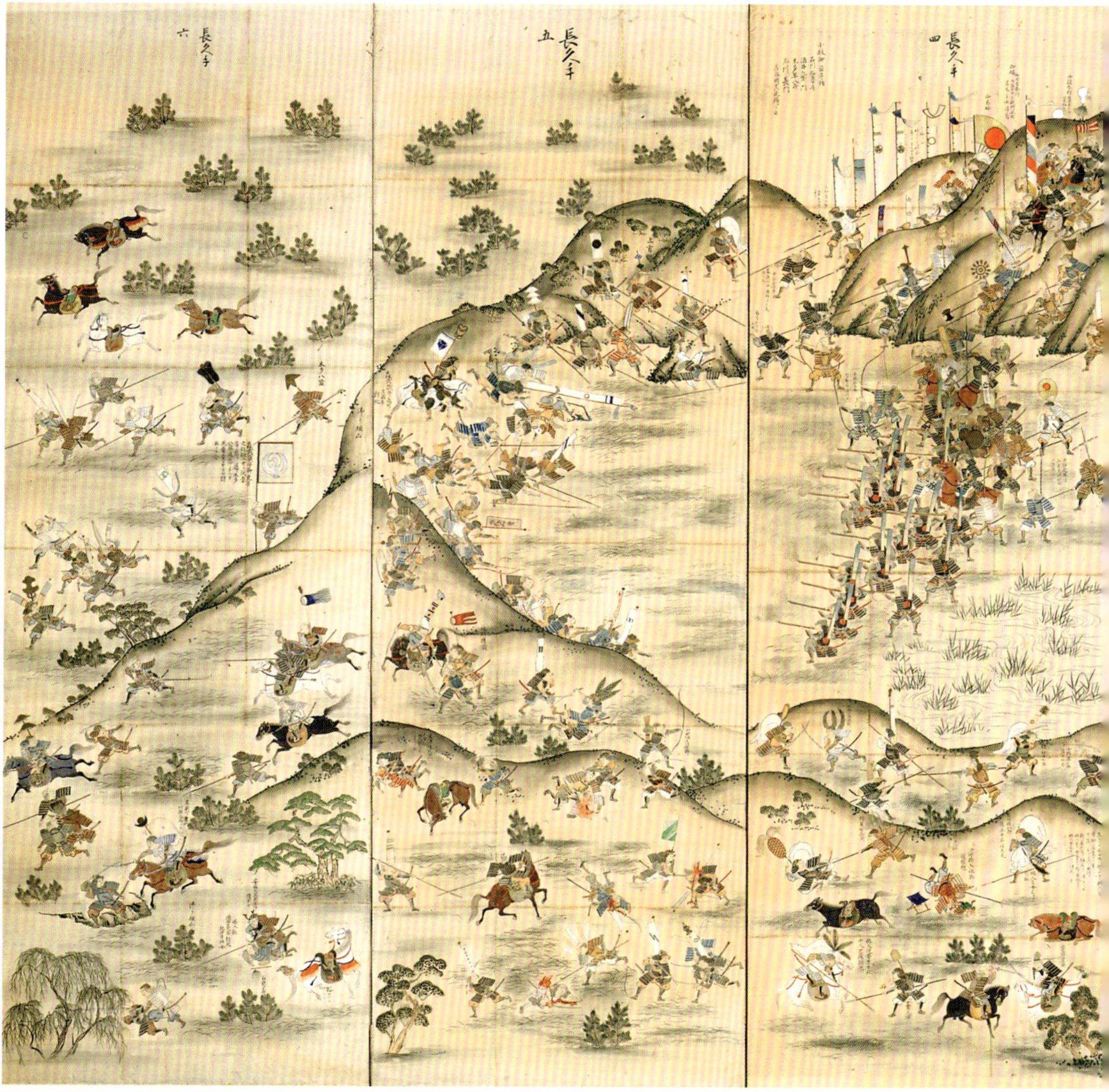

小牧長久手合戦図屛風　個人蔵

羽柴秀吉と徳川家康が尾張で対陣した小牧長久手の合戦は、天正12年（1584）の３月に始まり11月に終わるという長期戦であった。この屛風は、４月９日の長久手の合戦を描いたもので、おおむね右側から攻める徳川軍と、左に退却する秀吉軍という構図になっている。秀吉方の武将である池田恒興の戦死場面は右から４扇目の下、同じく森長可《ながよし》の戦死場面は、５扇目の中央分に描かれている。

尾州小牧合戦之図　安芸市立歴史民俗資料館蔵

北部から西部に流れ伊勢湾に注ぐ木曽川、東部を流れ同じく伊勢湾に流入する庄内川の間に展開した、羽柴・徳川両軍の布陣を示した図である。北に羽柴秀吉が陣を置いた犬山城、南に徳川家康の陣があった小牧城を絵画に描写している。一豊は犬山と小牧の中間にある羽黒城（犬山市羽黒）の守備を命じられているが、ここでは犬山城の右に「ハクロ」と記されている。

小田原陣仕寄陣取図　山口県文書館蔵

小田原北条氏攻めに際して、天正18年（1590）4月2日に秀吉は箱根湯本へ入り、小田原城包囲の陣形を整えた。この図面は西国の大名毛利氏が伝えたもので、7月まで続く包囲陣を描いている。全体に描写は古様で、陣後間もなく描かれたものと考えられる。一豊は北側の「中納言殿本陣」の東、「中村」・「堀尾」と見える墨書付近に、並んで布陣していたと考えられる。

関ヶ原合戦図屏風　彦根城博物館蔵

東西両軍の死闘を描くが、特に右２扇目から左へ向かって攻め込む、赤揃えの井伊直政隊が目を引く。右下が南宮山で、丸三葉柏紋を幟につける一豊隊は、本来この周辺に布陣していた。しかし、本屏風では小早川秀秋ら東軍への寝返り隊と、大谷吉継隊が戦闘している松尾山麓へ、急いで向かう様子が５～６扇目下部に描かれている。

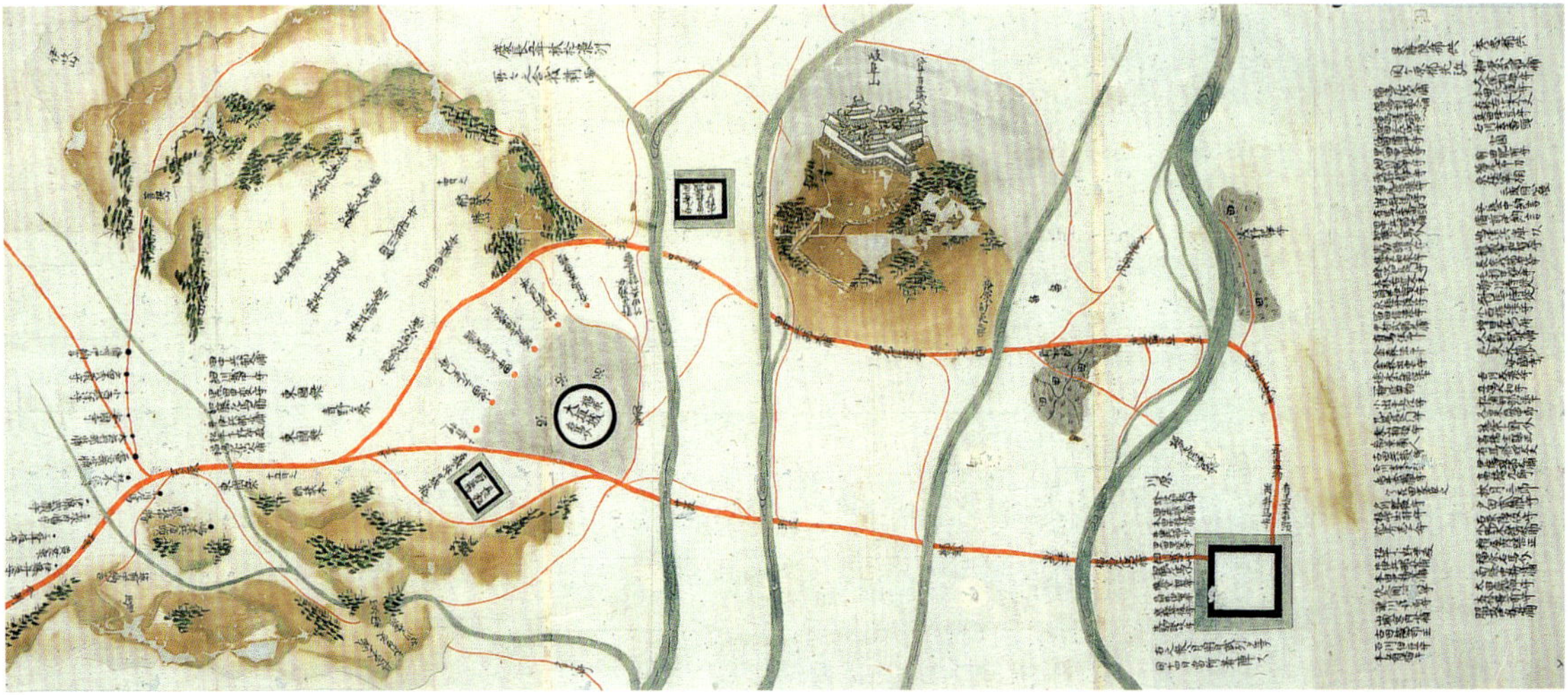

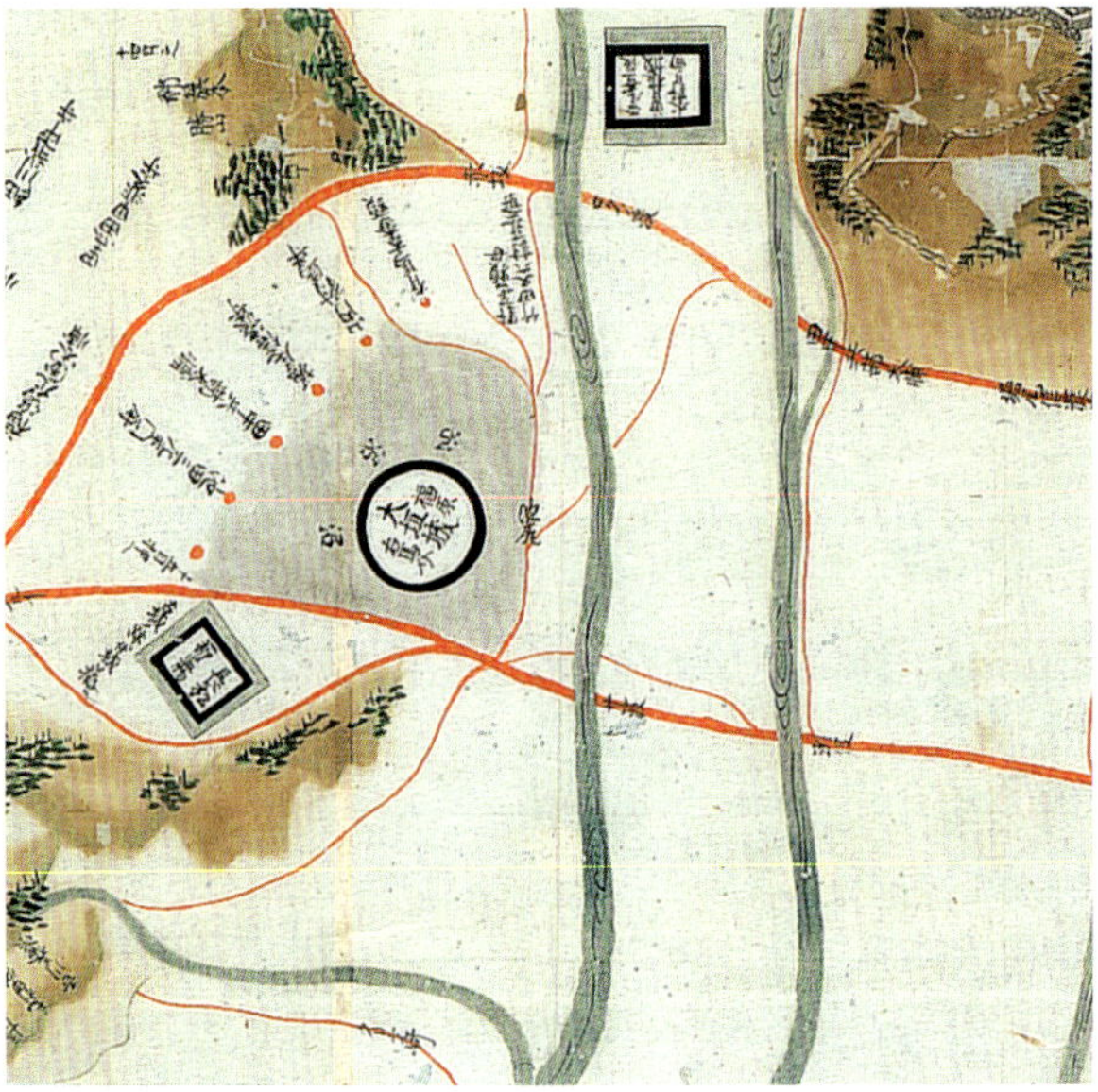

関ヶ原合戦図　安芸市立歴史民俗資料館蔵

慶長五年（一六〇〇）の関ヶ原合戦の経緯を説明する図面である。右端に、東軍武将が八月十四日に集結した清洲城が描かれ、中程には八月二十三日に東軍が総攻撃を行った岐阜城、それに西軍の石田三成がいた大垣城の包囲陣などを記す。一番左端には、九月十五日の本戦布陣を示している。一豊は清洲城の在陣衆と、大垣城包囲陣などに名前が見えている。山内家の老臣・五藤家が伝えた史料である。

山内一豊と合戦

太田　浩司

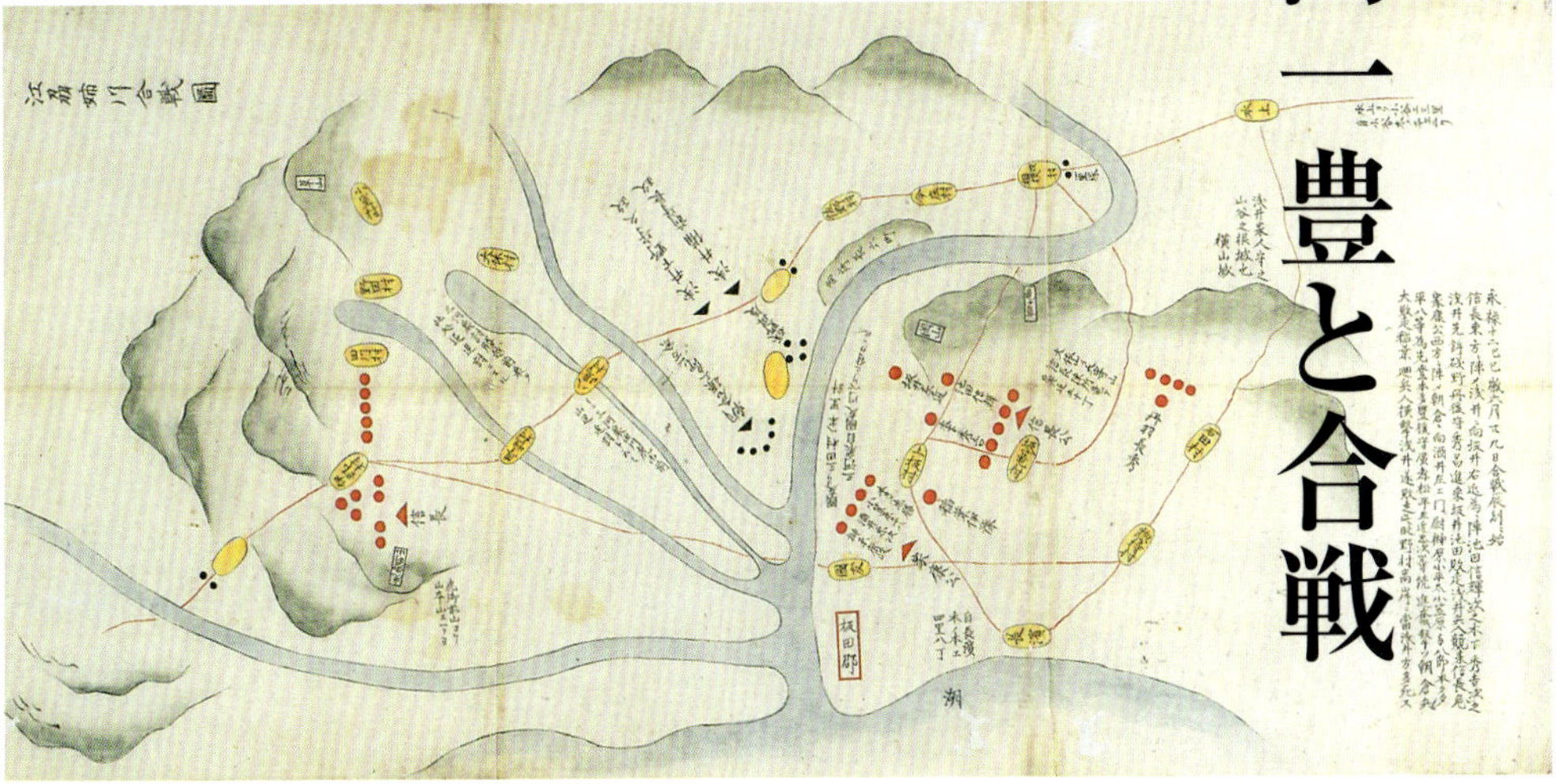

江州姉川合戦図　長浜城歴史博物館蔵
元亀元年（1570）6月28日に起きた姉川合戦の布陣を示した図面である。織田・徳川軍を赤、浅井・朝倉軍を黒の印で書き分けている。通常の姉川合戦図は、図中に合戦の経過のみを示し、布陣は記さないものが多いので、本図は特異な作品である。『寛政重修諸家譜』は、姉川合戦にも一豊が参陣していたと伝える。

浅井・朝倉攻め
（元亀元年四月～天正元年九月）

弘治三年（一五五七）に、父・盛豊を亡くした後、山内一豊が織田信長の家臣となったか、あるいは木下秀吉の家臣に直接なったかについては、議論の分かれる所で明確なことは分からない（父の死去については、二年後の永禄二年説もある）。ともかく、『寛政重修諸家譜』では、元亀元年（一五七〇）の越前金ヶ崎の合戦や、姉川合戦で武功があったと記す。前者は上洛命令に応じない朝倉氏を、信長が討つため越前へ出兵した戦いで、後者は浅井・朝倉連合軍と織田・徳川の連合軍が、北近江で衝突したものであった。一般的には、この記述を信用して、元亀元年から始まった織田信長の浅井・朝倉攻めまでには、秀吉配下の武将となっていたと考えるべきであろう。

　織田信長と浅井・朝倉氏の戦いは、信長が朝倉氏の金ヶ崎城などを攻めた元亀元年四月から始まった。同年には、六月二十八日の姉川合戦の他、湖西の堅田・比叡山で、秋から冬にかけて信長軍と対峙した「志賀の陣」もあった。また、信長は北近江の横山城・虎御前山《とらごぜんやま》城に秀吉をはじめとする軍隊を展開、足掛け四年間にわたり浅井氏の居城・小谷城を攻撃する。山内一豊も秀吉の家臣として、この横山城や虎御前山城に在番し、数々の戦闘にも参加していたと推定されるが、具体的なことは何も分からない。朝倉氏は、この浅井氏を支援するため、時折北近江へ出動していた。一豊の奮戦が記録される「刀根《とね》坂の戦い」は、その義景最後の出陣の際の出来事である。

五藤家家宝の草鞋　安芸市立歴史民俗資料館蔵
天正元年（1573）8月の刀根坂の合戦において、山内一豊家臣の五藤為浄が履いていたとされる草鞋《わらじ》である。為浄は矢が刺さった一豊の顔面を足で踏みつけ、鏃を抜いた功名が知られている。最初、草鞋を脱ごうとしたが、一豊からそのまま踏めと言われたので、結局この草鞋を履いたまま、一豊の顔面を押さえたことになる。

刀根坂の戦い（天正元年八月十四日）

　一豊の浅井・朝倉攻めでの戦功として、最もよく知られるのは「刀根坂の戦い」での功名である。この戦いは、天正元年（一五七三）八月十四日、近江・越前の国境で、信長軍が朝倉義景軍を追撃した戦いであった。朝倉義景軍を追撃していた一豊は、朝倉軍の殿《しんがり》を務めていた三段崎《みたざき》勘右衛門に刀根坂で追いつく。その時、「究竟《きょう》の射手」であった三段崎が放った矢が一豊の顔面を襲い、左の「まなじり」から右の「奥歯」まで貫通してしまう。一豊は遮二無二に襲いかかり、両者組んだまま坂下へ落下したが、そこで一豊は勘右衛門を討ち取った。

　その場へ、一豊の家臣である五藤為浄《ためきよ》が、ようやく主人を見つけて駆け寄ってきた。一豊は、「鏃《やじり》」を抜けと命じる。一豊の顔面に刺さった矢は、その柄竹の部分は砕け散っており、「なかご」も露出しており、手で抜くことは困難と思われた。そこで、為浄は口で矢をくわえて抜こうとしたが、まったく抜ける気配がない。一豊はたまりかねて、顔を踏んで抜けという。そこで、為浄は草鞋《わらじ》を脱ごうとした。しかし、一豊はさらに声をかけ、草鞋のまま顔を踏んで抜けと言ったとされる。

この時一豊を射抜いたとされる矢の穂先が、五藤家の宝物を収蔵する高知県安芸市立歴史民俗資料館に現存している。ただ、この逸話は元亀元年（一五七〇）の越前攻めの時とする説もある。

長篠の戦い（天正三年五月二十一日）

三河国長篠城を攻城していた武田勝頼軍を、織田信長と徳川家康の連合軍が「後詰《ごづめ》」した結果起きた合戦である。柵を構築し設楽原で待ち受ける織田・徳川隊へ、武田勝頼軍が突撃する形となった。織田軍の鉄砲隊の威力が、遺憾なく発揮された合戦として知られる。

一豊は百八十人を率い、織田軍を構成する羽柴秀吉隊の部将として、大いに奮戦したと言われている。一豊らの羽柴隊は、柴田勝家の部隊と共に北方へ進出し、森長（新城市須長）方面から武田軍の側面を突き、敵軍を敗走させ、真田信綱・同昌輝および土屋昌次らの諸将を相次いで討ち取ったという。

上月城攻め（天正五年十一月～十二月）

織田信長は、天正四年（一五七六）七月に羽柴秀吉を、毛利攻めの最高指揮官に任命し、播磨国を手始めとする中国計略を命じた。播磨姫路城の小寺官兵衛（黒田孝高）を味方に引き入れ、さらに但馬に赴き、岩洲・竹田の二城を攻略するが、十一月に入って播磨の西端にある上月城《こうづき》（兵庫県佐用郡）の攻撃に取り掛かる。

上月城は備前・美作との国境も近く、姫路から山陰に通じる要地であり、当時は毛利氏に通じていた宇喜多直家の家臣・赤松政範が守備していた。秀吉は、宇喜多氏の支城を家臣を派遣して攻めさせ、自らは上月城を攻めた。上月城の救援にきた「後詰」の宇喜多軍とも戦って勝利し、十二月三日には落城に追い込んだ。

この攻城戦においても、一豊は秀吉隊として従軍した。秀吉は、一豊隊の鉄砲の撃ち方、軍隊の指揮法が優れていたことに感心した。そこで、若い大将たちに向かって、一豊の指揮ぶりをよく見ておくよう述べ、「見懸けに違ひたる男、是なり」と賞賛したと言われている。

上月城は落城した後、秀吉方の尼子勝久・山中幸盛（鹿之助）が入城する。しかし、天正六年（一五七八）七月五日に、毛利方から再び攻められ、秀吉軍の十分な援軍が得られないまま落城している。なお、一豊は天正五年に播磨国有年《うね》（現在の兵庫県赤穂市）で、七百石の領知加増を受けている。一連の戦功が認められたものだろう。

有岡城攻め（天正六年十一月～天正七年十一月）

天正六年（一五七八）十月十七日、摂津の大名・荒木村重が、毛利氏をはじめ足利義昭や本願寺と気脈を通じて、織田信長に背いた。信長は十一月九日に至り、村重の居城であった有岡城への攻撃命令を下している。一豊が属した秀吉軍も、後述する三木城攻めを一時中断しこの攻撃に参加した。しかし、秀吉軍は十二月十一日に、三木城攻めに復帰している。村重は約十一ヶ月間の籠城戦に堪えたが、天正七年（一五七九）九月二日、有岡城から脱出して尼崎城へ入り、十一月に有岡城が落城すると安芸の毛利氏のもとへ逃亡した。

この攻城戦で、一豊は蜂須賀彦右衛門と共に砦を修築した他、攻撃時の戦術が非常に優れていると、秀吉から「一豊には過ぎたる振舞い」と賞賛されたという。

三木城攻め（天正六年二月～天正八年一月）

姫路より東に所在する三木城主の別所長治は、最初播磨に侵攻した信長と好《よしみ》を通じ、秀吉の中国攻めに貢献した。しかし、天正六年（一五七八）二月に至り反旗をひるが

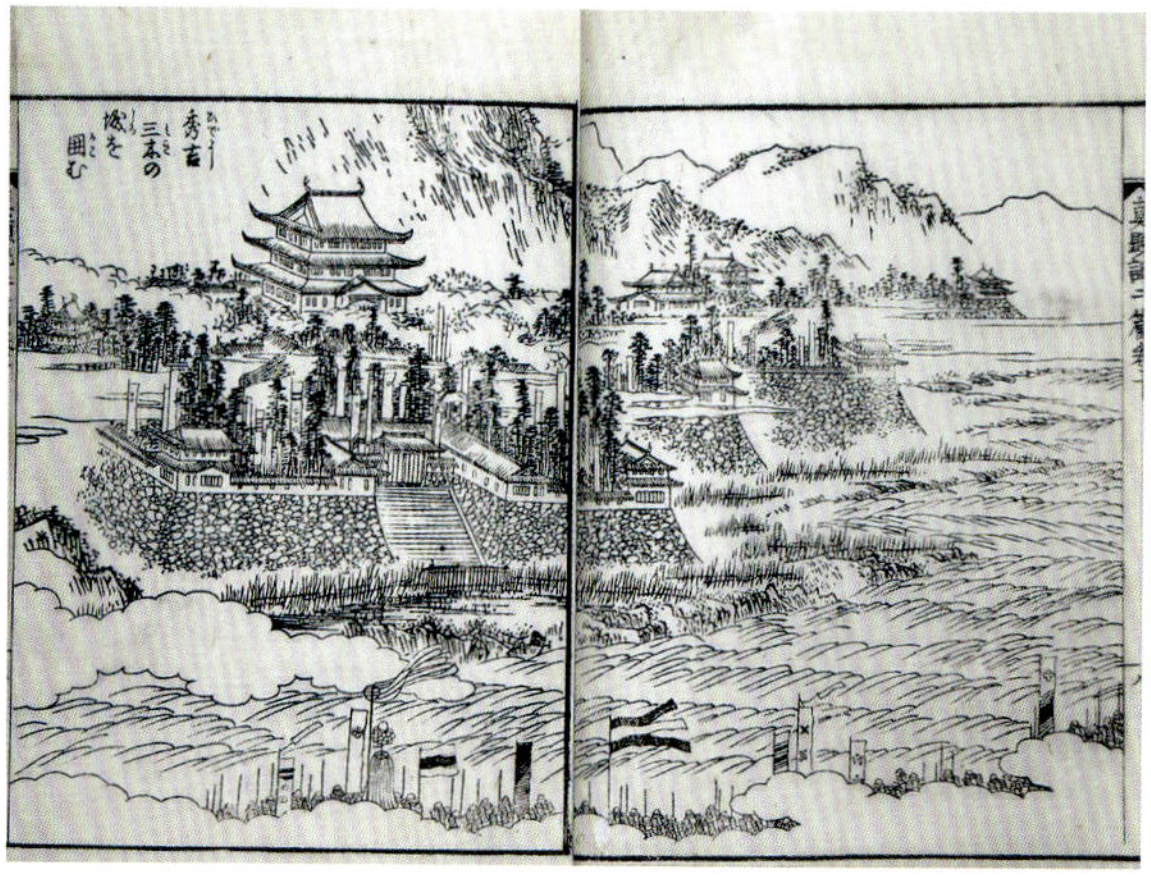

三木城攻めの図

長浜城歴史博物館蔵『絵本太閤記』二編の十

播磨国三木城の城主・別所長治は、最初は織田信長の軍門に下ったが、天正六年（一五七八）二月に反旗をひるがえしたので、秀吉が兵糧を絶つなどして攻撃した。戦いは一時中断もあったが、天正八年一月に長治が自刃して終了している。『絵本太閤記』の三木城の描写には、もちろん誇張がある。

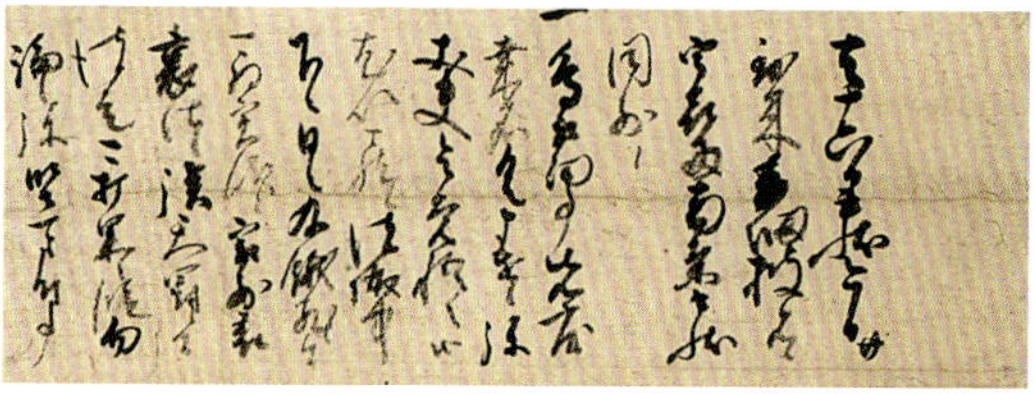

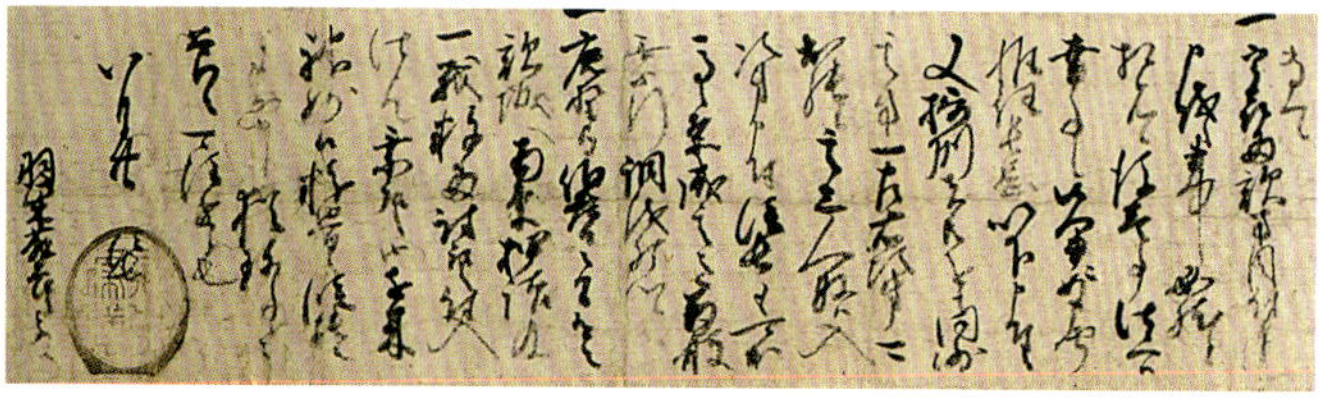

織田信長黒印状　個人蔵

織田信長が鳥取城攻め中の羽柴秀吉へ宛てた、天正9年（1581）8月20日付けの黒印状である。長浜市指定文化財。既に城中では餓死者が出ているが、裏切り者であるから討ち果たせと、生々しい文言がある。この鳥取城攻めの陣中にも一豊はいた。

えした為、三月二十九日から秀吉は周辺の支城の攻撃を始めた。最初に野口城（加古川市）を攻めたが、四月中旬には吉川元春と小早川隆景の毛利軍が上月城に迫ったので、一時三木城攻めを中止した。七月五日の上月落城の後、七月から八月にかけて三木城の周辺諸城を落としたが、十月に至ると摂津の荒木村重が、信長に背いたので軍をそちらへ展開、三木城攻めは再び中断した。

　荒木村重が逃亡すると、秀吉は三木城攻めを天正七年二月に再開する。城兵が秀吉本陣である平井山を攻めたこともあったが、秀吉は三木城の兵糧を断つ手段に出た。いわゆる「三木の干殺《ひごろ》し」である。籠城軍は毛利軍からの食料の補給路の確保に失敗し、兵糧を断たれた別所長治は、翌年に当たる天正八年一月十七日に自刃している。

　この三木城攻めにおいても、一豊は二百三十人の兵を率いて出陣したと言われる。天正六年八月に三木城包囲が始まった頃、敵将石野氏満が城中に兵糧を入れようと試みるが、一豊は諸将に先んじて城下に至り、これをたたいて功名を上げたという武功が伝わる。また、別所方の勇将・浅井七郎を討ち取った手柄も知られる。

　さらに、場所は不明であるが、秀吉の供

錦絵　備中高松城水攻之図　個人蔵
羽柴秀吉が行った備中高松城攻めを、明治時代になって錦絵に描いた作品。城郭の規模、船の大きさなど、いずれも誇張が甚だしい。一豊もこの陣中にいたと考えられる。

で敵の城内に入ったところ、空《から》の厩《うまや》で四十歳ぐらいの大男が素っ裸でいるのを見つけた。一豊は秀吉の声に応じて、この大男に飛びかかり、抜身もみせず袈裟懸けに斬り倒したと伝える。秀吉は一豊の素早い太刀捌《さば》きに感心し、後になって近習たちにこの話をよくしたとの伝承が残っている。

鳥取城攻め（天正九年六月〜十月）

天正九年（一五八一）六月二十五日、秀吉は姫路城を発し、但馬から因幡に入り鳥取城を囲んだ。同城には毛利氏から派遣された吉川経家が守備していたが、丸山・雁《かり》金山《がねやま》の支城と共に、毛利氏にとっては山陰地方の重要な防衛拠点となっていた。秀吉はこの城を攻撃するのに対して、高価で米を買い占めるなど、徹底した兵糧攻めを行う。いわゆる「鳥取のかつやかし殺し」である。城兵は人肉を食らう状況に陥り、十月二十五日には城主の吉川経家が自刃して開城した。秀吉は落城後に、自らの部将宮部継潤を鳥取城主としている。

一豊はこの攻城戦にも参加したが、防戦のための土塁を築いたことしか、その働きは知られていない。

淡路攻撃（天正九年十一月）

姫路城に鳥取から帰った秀吉は、毛利軍の籠る淡路に攻め込む。十一月十七日には、岩屋城を攻めて陥落させ、由良城も攻略して二十日には姫路に戻っている。この後、淡路は秀吉の部将である仙石《せんごく》秀久に与えられた。この淡路攻めにも、一豊は参加した。秀吉軍は淡路への接岸にあたって、敵兵の襲撃にあい、海中に追い落とされ多くの溺死者を出した。一豊は船が不足していたので、別の経路で陸路を回って出陣したので、敵の攻撃を逃れることができたと言われている。

備中高松城攻め（天正十年四月〜六月）

天正十年（一五八二）三月十五日、秀吉は姫路を出発し、備中に向かって進軍を始めた。四月四日には、すでに秀吉軍に帰順していた宇喜多秀家の居城・備前岡山城に入った。四月十四日、秀吉は宇喜多軍も合わせて備中に侵攻、投降しない清水宗治が城主の高松城を囲んだ。秀吉は足守川《あしもりがわ》左岸に、一里の長さにわたり堤防を築き、高松城周辺で唯一山が開く南西面を塞いだ。上流の門前村《もんぜんむら》で川を堰きとめて高松城を水攻めにしたのである。毛利輝元は、「後詰」

光秀山崎を敗走する図

長浜城歴史博物館蔵『絵本太閤記』四編の三

山崎の合戦の後、敗軍の将であった明智光秀が、坂本に逃れる途中を描いた部分である。『絵本太閤記』は、秀吉の二百回忌である寛政九年（一七九七）から享和二年（一八〇二）にかけて出版された秀吉の一代記。もちろん寓話が多く、史実は無視されているが、一般化された秀吉像の基礎を形づくった作品の一つである。

の軍隊を送り、吉川元春を岩崎山に、小早川隆景を日差山に配置した。いずれも、高松城を臨む小山である。一豊も水攻め準備に関わり、堤防工事の監督を行ったという。

この時、秀吉の本陣は高松城東の蛙ヶ鼻で、諸将も高松城を囲んだが、一豊の軍勢は高松城南の足守川左岸の堤防外の原古才に陣し、小早川氏の日差山、それに吉川氏の岩崎山といった「後詰」の敵軍に対峙《たいじ》することになった。両者膠着状態で一ヶ月半ほどが経過したが、信長の到着を恐れる毛利軍と、六月二日の本能寺の変を知った秀吉との間に和議が成立、六月六日には畿内へとって返した。いわゆる秀吉の「中国大返し」である。

野間の戦い（天正十年）

野間（現在の岡山県赤磐《あかいわ》郡熊山町）の合戦は、場所が伝えられたのみで、中国攻めのどの戦いか不明であるが、おそらく備中高松城攻めの前哨戦であろう。ここでは、一豊の一騎討ちの逸話が伝わる。この時、敵の長槍が一豊の兜に当ったが、これを素手で払いのけ、しばらくもみあった後に敵を倒したという。一豊は手に傷を負ったが、痛みを顔に出さなかったという。一豊の家臣であった五藤為浄が、敵将の槍の穂先を持ち帰り、「鳥毛の槍」として一豊の持槍となり、一豊の行列の時はその槍が先頭を飾ったという。その槍の作者は、頼国俊《らいくにとし》で名品であったと言われている。

また、この野間の合戦で、秀吉は味方の先陣の様子を検分させるため、使者を送ろうとしたが、一豊が真っ先に申し出た。しかし、秀吉はまだ経験不足との理由で許可しなかった。しかし、それを聞くや一豊は「そのことは事によると」言って、直ちに先陣に向かってしまった。先陣に到着すると、味方が敵軍と対峙していたので、一豊は小さな谷の窪地に駆け下がり、やがて敵の側面を奇襲して、相手を総崩れにさせた。これを見た秀吉は、非常に喜んだと伝えられている。

この他、中国攻めでは、一豊が騎馬武者を早業で仕留めた話、左の膝頭を突かれながら、敵を討ち取った話。それに、敵に対して縦列していた鉄砲隊を見た秀吉が激怒したが、一豊の指示だと分かると、機嫌を直したという話などが伝わっている。

山崎の戦い（天正十年六月十三日）

備中高松から六月七日に姫路に戻った秀吉は、早速九日には信長を倒した明智光秀を討つため姫路を発した。十三日に山崎で秀吉軍と光秀軍は激突したが、優勢な秀吉軍は瞬く間に光秀軍を打ち破り、光秀も坂本に逃れる途中、小栗栖《おぐるす》（京都市伏見区）で殺害されてしまった。一豊は後に控えていた秀吉本隊で、一部隊を率いていたと言われている。

この合戦の後、一豊は天正十年（一五八二）九月二十五日には、播磨国印南郡（現在の兵庫県加古川市）で五百石の加増を得ている。

亀山城攻め（天正十一年二月）

本能寺の変の後、信長の後継《あとつぎ》を決定する清洲会議が、天正十年六月二十七日に行われた。この会議では、主君の仇討ちを果たした秀吉の主張が大いに採用され、信長の嫡孫の三法師（後の秀信）が織田家の家督を相続することになった。しかし、この後は会議の結果に不満をもつ、柴田勝家・滝川一益・織田信孝と、秀吉の対立は日を追うにつれ激しくなり、両者の軍事激突は時間の問題となった。十二月に入ると、秀吉は織田信孝を岐阜城に囲み、二十日には降伏させ、一度京都に凱旋した。

秀吉は翌年に入ると、滝川軍に占拠された亀山城や峯城・関城、それに一益が居た桑名城を攻撃するため、伊勢国へ侵攻した。秀吉軍は近江・美濃から三軍に分かれて伊勢へ入ったが、二月十六日から一益の家老佐治新介が守る亀山城の攻撃を行った。一豊も秀吉軍の一員として、この城攻めに参加したが、最も古参の家臣である、五藤為浄が戦死する。為浄は城内に踏み込んで、一豊の眼前で壮絶な斬り死にを遂げたという。また、足軽三九郎が塀を乗り越えて城内に入り、三葉柏の旗印を上げると共に、一豊一番乗りを大声で知らせ、味方の士気を鼓舞したという逸話も伝わっている。

賤ヶ岳の戦い（天正十一年四月）

美濃や北伊勢が秀吉に制圧されていくのを知った柴田勝家は、越前北ノ庄から出兵して北近江に侵入し、三月十二日には柳ヶ瀬北の内中尾山城（玄蕃尾城）に本陣をおき、余呉湖北部に部隊を展開した。北伊勢で勝家の出陣を聞いた秀吉は早速近江に入り、三月二十一日には木之本に本陣を置き、余呉湖周辺に布陣を行った。この直前、一豊はまだ伊勢に残っていたようで、三月十七日に付けで、糟谷《かすや》武則《たけのり》など五将と共に、美濃方面へ出動するよう秀吉から命じられている。

四月十六日、美濃岐阜城で再起した織田信孝を討ちに、秀吉は前線を離れ大垣城に入城する。ところが賤ヶ岳の戦場では、四月二十日、佐久間盛政の奇襲にあい、中川清秀の大岩山城が陥落する。この知らせを受けた秀吉は、北国街道を「大返し」で木之本に戻り、佐久間軍を二十一日に急襲した。七本槍の活躍もあり、柴田全軍は崩壊、北ノ庄に逃れた勝家は四月二十四日に妻・お市と共に自刃した。この合戦に一豊が参戦していたことは確実であるが、具体的な戦功は伝えられていない。ただ、この年の八月一日に、河内国交野《かたの》郡禁野《きんや》（大阪府枚方市）において、三百六十一石余の加増を受けていることから、相当の働きがあったと推察される。

小牧・長久手の戦い（天正十二年三月〜十一月）

賤ヶ岳合戦が終わると、秀吉の新たなる敵として、織田信雄《のぶかつ》と同盟を結んだ徳川家康が浮上してきた。両者は秀吉の覇権を警戒したもので、秀吉の意を汲む信雄の家老三人が、主人の命で切腹に追いやられたのが機となって合戦へと展開していった。戦いは三月に入って伊勢方面で始められ、月末に秀吉軍は尾張国犬山城を中心に砦を構築、家康は南の小牧山を中心に陣を敷いた。

合戦は膠着状態に陥り、これを打開する

（左隻）

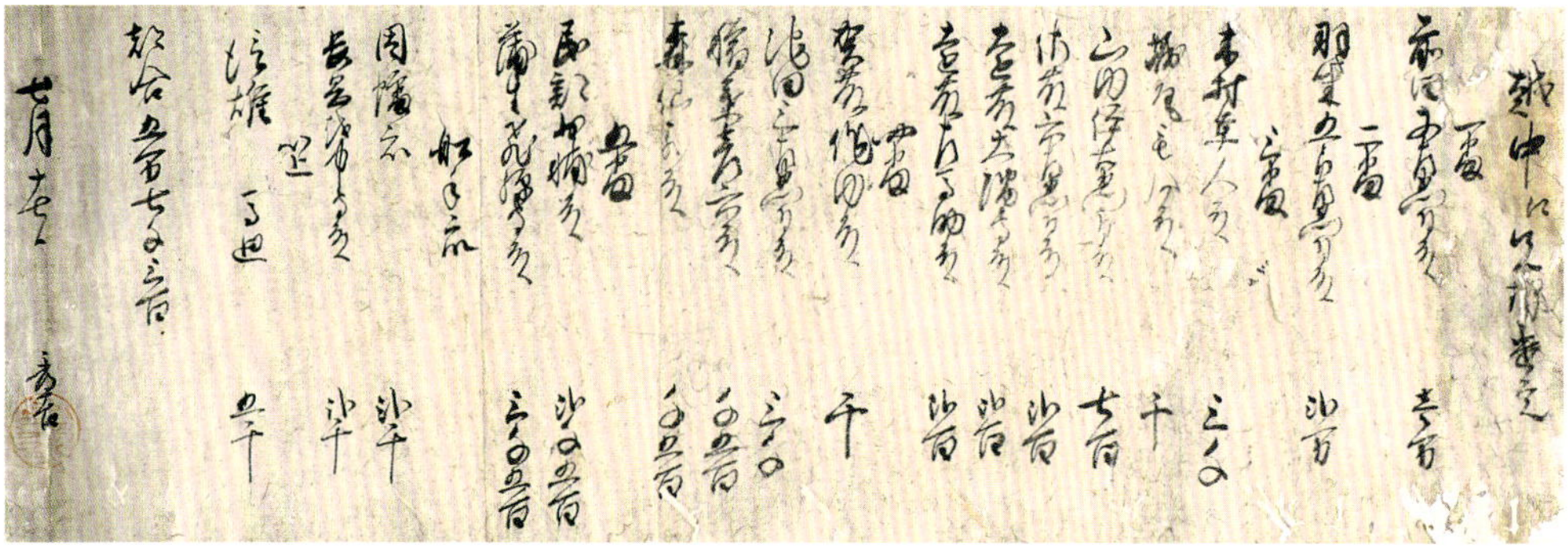

羽柴秀吉朱印状　長浜城歴史博物館蔵

天正13年（1585）の秀吉による越中国富山城主・佐々成政攻めの陣立書である。前田利家軍１万人の一番から、五番・船手衆に至る陣立が記されるが、三番に山内一豊の700人の軍隊が見える。本書は宛名が切り取られているが、学習院大学史料館寄託文書にも同じ朱印状があり、宛名は陣中に見える加藤光泰である。

ため、池田恒興は家康の本拠である三河岡崎への進攻作戦を計画し、秀吉の許可を得て三好（後の豊臣）秀次・森長可《ながよし》・堀秀政らによる別動隊を編成、四月六日には出撃した。しかし、この行動は家康によって見破られ、九日に小牧において別動隊は挟撃され秀吉軍は大敗を喫した。この後は、大きな衝突はなく、両軍はにらみあいのまま秋まで推移した。十一月十一日に至り、秀吉は信雄と講和を結び、やがて家康もこれに従い合戦は終結した。

　この戦いで一豊は、小牧での秀吉軍惨敗の前日、三河への進撃の拠点である柏井（春日井市柏井町附近）の森川屋敷の守備を、他の二部将と共に命じられた。また、この柏井撤退の後は、羽黒城（犬山市羽黒）を、堀尾吉晴や伊藤祐実と共に修築して守備するように命じられている。

根来・雑賀攻め（天正十三年三月～四月）

　小牧・長久手合戦に際して、信雄や家康と呼応し、背後を脅かした紀伊の根来の僧と、雑賀《さいが》の土豪たちを攻撃するため、秀吉は三月二十一日に大坂をたって紀州攻めに向かい、敵軍が入った和泉千石堀城（貝塚市橋本）など六城を落とした。秀吉は二十三日には根来寺に到着し、瞬く間に根来・

賤ヶ岳合戦図屏風　長浜城歴史博物館蔵　（右隻）
羽柴秀吉と柴田勝家の戦いである賤ヶ岳合戦は、天正11年（1583）4月20日と21日に近江国の北部、余呉湖の周辺で行われた。左隻は大岩山城の陥落を描いた20日の戦い、右隻は七本槍で名高い21日の合戦の状況を描いている。一豊も参陣したと言われるが、具体的な戦功は知られていない。

山中城跡　静岡県三島市山中新田
小田原北条氏の出城であった山中城跡の現状で、本丸と二ノ丸の間の障子堀である。山内一豊も含む豊臣秀次軍は、天正18年（1590）3月29日、この城を攻め一日で陥落させた。その戦いは激しく、一豊の同僚であった一柳直末が討死している。

雑賀を打倒、太田城に籠もった敵軍を水攻めにし、四月二十二日には落城させた。この一ヶ月余りに及ぶ紀州攻めにも一豊は参陣している。

越中佐々攻め（天正十三年七月～八月）

小牧・長久手の合戦において、富山城主佐々成政は、家康と連携して能登・加賀方面へ侵入、秀吉方の前田利家と戦った。この行動を恨んだ秀吉は、七月に富山城の佐々攻めを決意した。八月には秀吉軍が富山城に迫ったので、成政は織田信雄を通じて秀吉に降服した。この時、一豊も佐々攻めに従軍し、兵七百人を連れ、堀尾吉晴や美濃の遠藤慶隆ら五人と共に、第三陣を構成し、越中に向かったことが知られている。

小田原攻め（天正十八年三月～七月）

天正十三年（一五八五）の閏八月二十一日、一豊は長浜二万石の城主となる。同時に近江八幡城主であった豊臣秀次の宿老となった。この長浜城主の五年間は、秀次の宿老として、京都を中心に活動し、天正十五年（一五八七）の九州攻めには参陣していない。

天正十八年（一五九〇）に入ると、秀吉は二十二万の大軍をもって、意向に従わない小田原北条氏を攻める。山内一豊は、田中吉政・中村一氏・堀尾吉晴・一柳《ひとつやなぎ》直末など、他の宿老らと共に秀次軍を構成し出陣する。三月二十九日、秀次軍は北条氏の支城であった伊豆国山中城（現在の静岡県三島市）を攻撃、激しい攻防の末に落城に追い込んだ。一豊隊では弟康豊らが奮戦し、首十四、五をあげている。また、一豊の同僚であった一柳直末は、この合戦で討死した。

石田三成像　石田三成公事蹟顕彰会蔵

三成像としては最も古い青森市杉山家蔵本を、明治時代になって模写したものと言われる。ただし、白黒写真を使っての作業で、なおかつ模写した画家の独自性も加味されている。三成は近江国坂田郡石田村（長浜市石田町）の出身であるが、豊臣政権内では一豊の対極にいた武将である。

　この後、秀吉軍は小田原城を包囲するが、西方の石垣山城に本陣を置いた秀吉に対して、一豊はじめ秀次の部隊は城の北方に陣を敷いた。七月五日には、北条氏直が降伏し小田原攻めは終結するが、この合戦後の領地替えにより、一豊は遠江掛川城主五万石に転身する。

　この後、秀吉の朝鮮出兵である文禄・慶長の役があり、多くの秀吉家臣が渡海・出陣するが、一豊は畿内で活動し参陣していない。

岐阜城攻め（慶長五年八月二十三日）

　慶長三年（一五九八）の秀吉の没後、徳川家康と石田三成の衝突は避けられない状況となっていった。慶長五年（一六〇〇）七月十七日に、三成を主将とする西軍が蜂起した。これを受けて行われた二十五日の小山会議で、会津上杉攻めに従軍してきた秀吉恩顧の大名たちは、東軍として戦うことになった。この会議では、まっさきに家康につくことを表明した福島正則の発言や、自らの居城である掛川城を家康に明け渡すことを表明した一豊の発言が、会議の動向を決したとされる。この会議を終え、一豊は諸将と共に江戸に入るが、やがて西

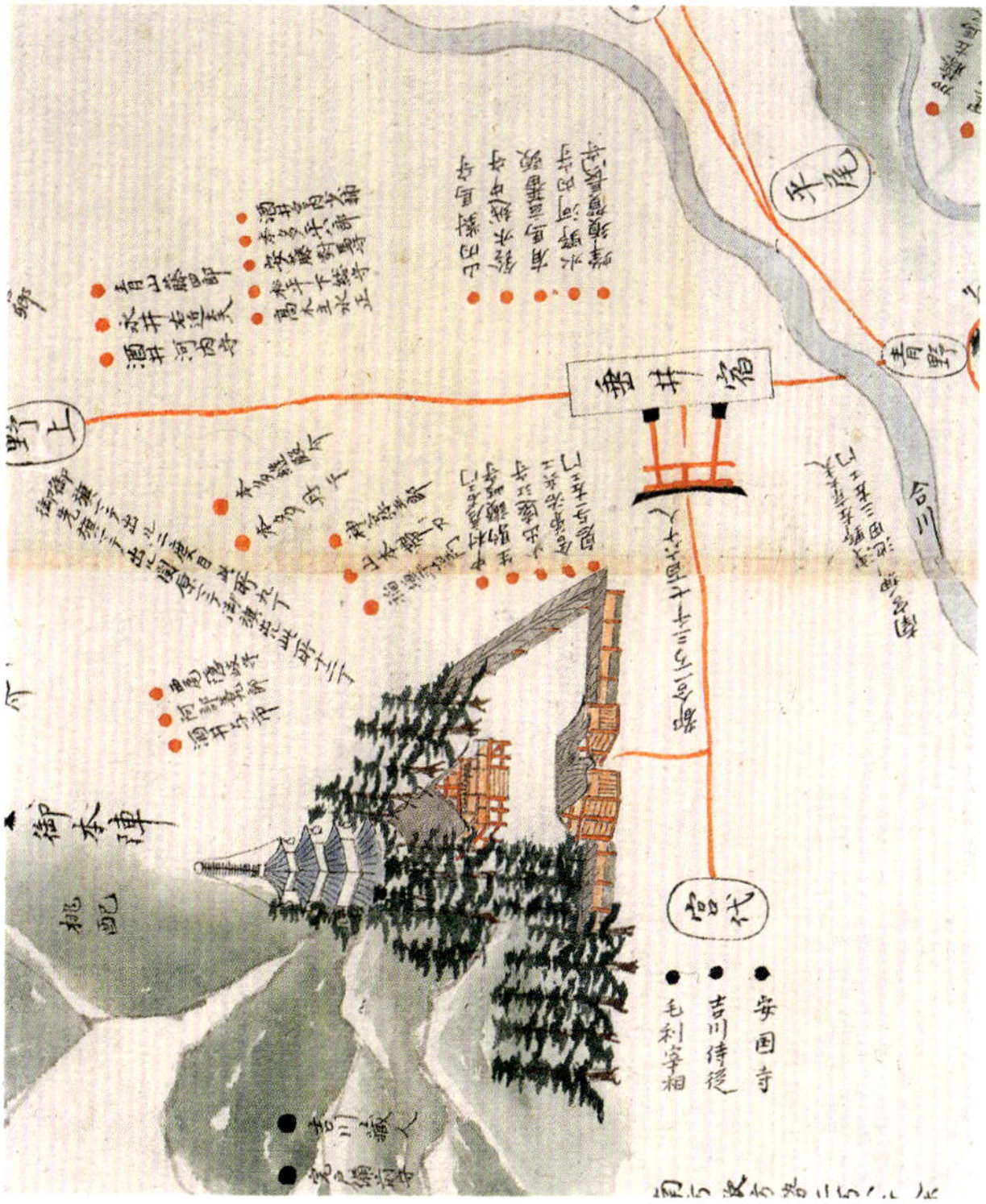

関原御陣図（部分）　長浜城歴史博物館蔵
関ヶ原合戦での東西両軍の布陣を記した図である。文化4年（1807）12月11日に「西嶽子」によって描かれたことが、左下の墨書によって分かる。関ヶ原合戦において、山内一豊は南宮山の北に、毛利軍の押えとして陣したが、この絵図でも絵画的に描かれた南宮神社の北に「山内対馬守」の文字が読み取れる。

上の途につくことになる。西上軍の一番手は福島正則の軍隊であったが、二番手は池田輝政を中心とした部隊で、そこに一豊は加わった。

江戸を立った東軍諸隊は、八月十四日には尾張国清洲城に集結した。家康からの命を待った後、東軍諸将は西軍方の多い美濃の城攻めに向かう。八月二十三日はその中心とも言える織田秀信の岐阜城を攻撃、即刻落城させた。一豊はこの岐阜城攻めにも参陣している。この後、一豊を含めた東軍は、西軍主将である三成が立て籠もる大垣城を目がけて進軍し、八月二十四日は、その西北に位置する赤坂に着陣する。岐阜城陥落を聞いてから江戸を出た家康も、九月十四日には赤坂の岡山に到着した。

関ヶ原の戦い（慶長五年九月十五日）

大垣城にいた三成は、東軍が三成の居城・佐和山や大坂に向かって進軍するという情報を得、十四日晩に南宮山の南を回って関ヶ原へ先回りした。案の定、西に向かって進軍してきた東軍と、九月十五日朝に関ヶ原で対峙することになる。午前八時頃から起きた両軍の激闘は、一進一退を繰り返したが、小早川秀秋の東軍への寝返りなどにより、午後三時頃には東軍勝利が確定

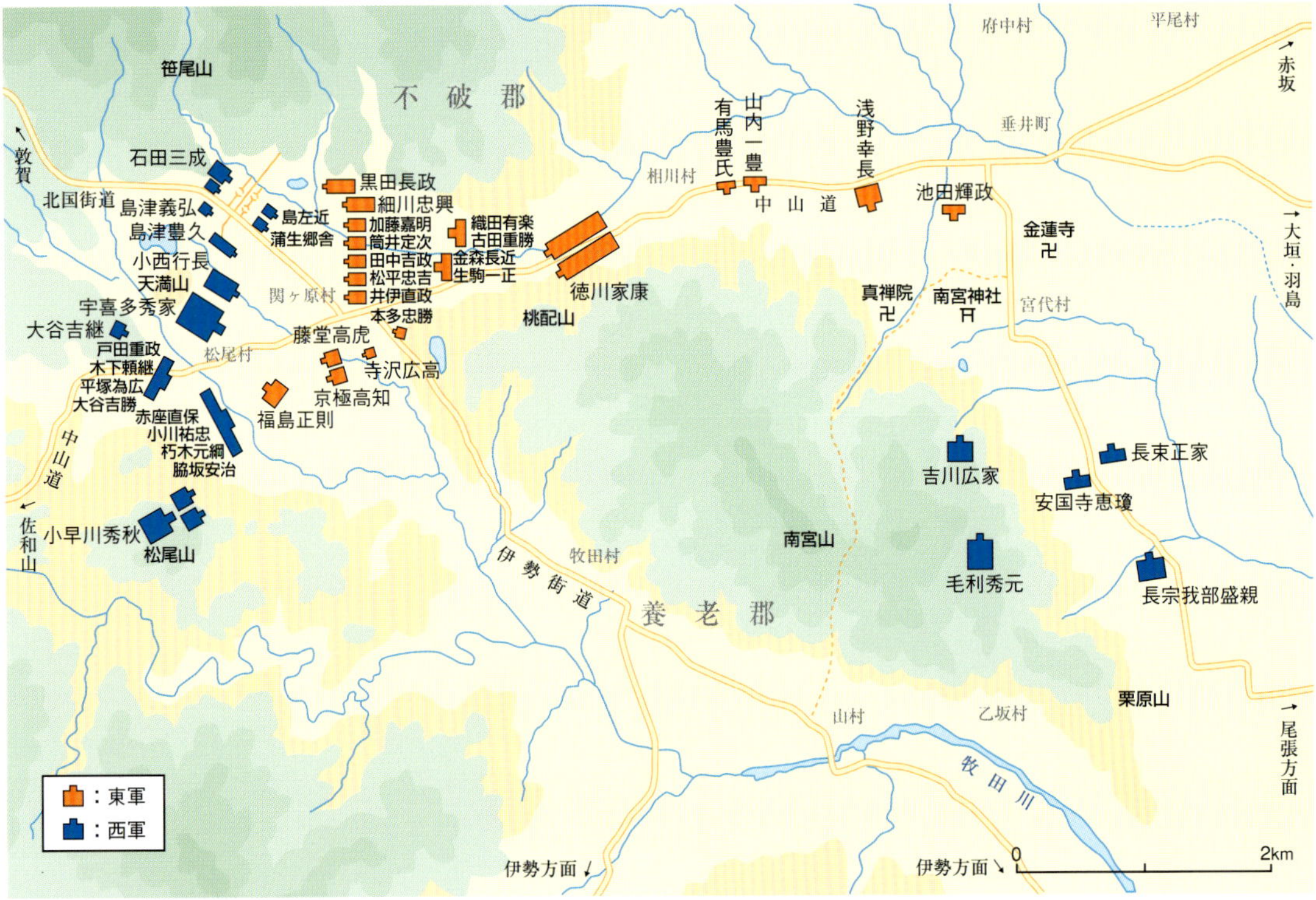

関ヶ原合戦布陣図

したと言われる。

一豊は、南宮山に陣した毛利軍の押さえとして、池田輝政・浅野幸長・有馬豊氏など、家康本隊よりもさらに後方に陣した。この合戦では、南宮山の毛利軍は西軍としての行動を取らず、そのまま引き上げたため、一豊は何ら戦功を上げることができなかった。

関ヶ原合戦の戦後処理によって、山内一豊は土佐一国を徳川家康から与えられることになる。その当初の石高は、九万八千石(後、山内家が再計算して二十万二千六百石)とされる。さしたる戦功がなかったにも関らず、知行高が増加したのは、小山会議で居城を家康に明け渡すことを、最も早く発言した功などによると説明されるが、実情はよく分からない。石田三成を捕縛した田中吉政が、十万石から三十二万五千石と三倍以上の加増を得ていることからすると、二倍にも満たない一豊への加増は、その日ごろの家康への忠節に対するものとも考えても、差し支えなかろう。

土佐国石高地図　高知県立図書館蔵

江戸末期か明治初年に描かれた土佐国絵図。右下の「土佐国石高地図」の墨書は、後筆であろう。土佐国内の７郡を色分けし、石高・村数も示している。一豊は国内の要地に、弟・康豊や重臣を配置し、国内の統治を行った。重臣をおいた場所は通常の村よりも一回り大きな円で表示されている。西（向かって左）から、宿毛《すくも》・中村・窪川・佐川・本山・安芸・甲浦《かんのうら》で、本城の高知は四角で描かれる。

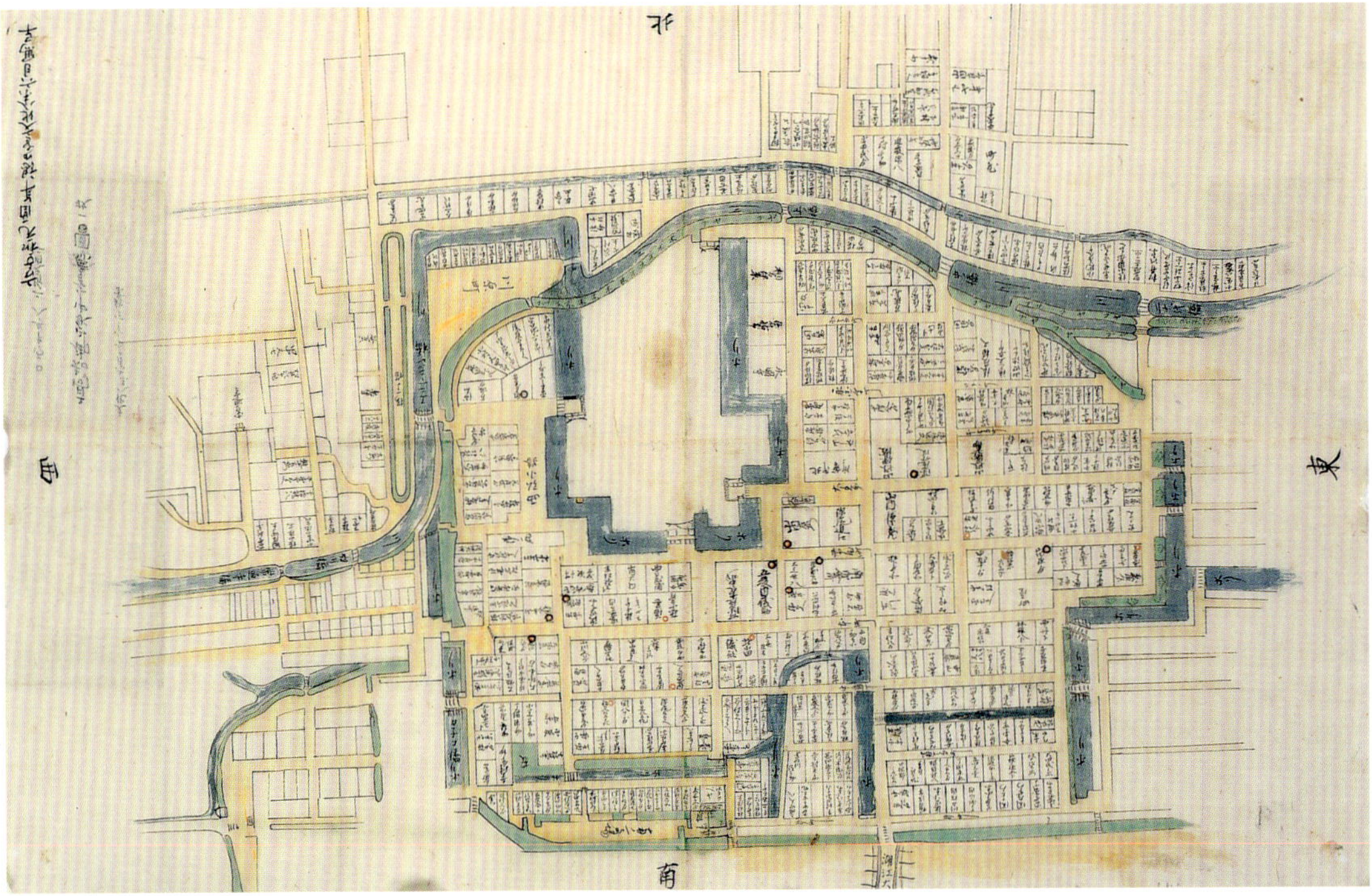

高知御家中等麁図　安芸市立歴史民俗資料館蔵

安芸の土居付家老であった五藤家に伝来した、高知城下の武家屋敷の図面。原図は享和元年（1801）に記された原図を、文化8年（1811）6月に写したもの。高知城の内部は空白に描かれ、本図は武士居住地「郭中」を描く。その西に上町、東に下町と城下町が広がっていた。高知城は長宗我部氏時代に建造されていた城郭を、土佐に入部した一豊が慶長6年（1601）9月から改造したが、完成は一豊没後の慶長16年（1611）であった。

山内一豊像　安芸市立歴史民俗資料館蔵

山内一豊・同夫人を祀る藤並神社境内に、大正２年（1913）に建造された一豊像の原型で、10分の１の大きさで五藤家に伝わった。建造された像は、戦時中に供出され現存しないが、平成８年に再建された。作者の本山白雲は、高知県幡多郡宿毛出身の彫刻家で高村光雲の弟子。桂浜の坂本龍馬像なども彼の作品である。大正の建造事業は、安芸土居付きの家老であった五藤家の子孫・五藤正形氏が中心的役割を果たした。同じ原型は、山内家にも伝わる。

土佐藩主山内一豊の政治

渡部　淳

浦戸城天守跡　高知市浦戸
浦戸湾口に西から突出した半島状の先端近くにあり、東に桂浜、西に太平洋が広がる。長宗我部元親の居城として著名だが、山内一豊も慶長６年（1601）１月に入城した。土佐国では初めて天守閣をもつ城であったが、高知城移転時の破壊などで遺構の残りは悪い。

一豊の土佐入国

慶長五年（一六〇〇）十一月、徳川家康の側近榊原康政は、関ヶ原戦の論功行賞として、遠江国掛川城主の山内一豊に、土佐一国拝領を伝えた。一方、西軍に属した土佐国主長宗我部盛親は、領地の没収を言い渡された。

土佐国では、長宗我部氏の遺臣たちによる抵抗が予想されたため、家康は重臣井伊直政に土佐国鎮撫を命じ、直政は早速家臣の鈴木平兵衛と松井武太夫を土佐に遣わした。予想の通り、長宗我部旧臣の一部は居城浦戸城に籠城して抵抗を試みたが、家臣団自体の内紛と鈴木らの調略によって、これはまもなく鎮圧された。

土佐国にまず入国したのは、一豊の弟康豊である。彼は、御目見得を求める多くの者たちを引見し、適宜庄屋や家臣に登用していった。そして、ついに慶長六年正月二日、一豊が土佐国東端の甲浦《かんのうら》に上陸、陸路西進の後、同八日に浦戸城に入城したのである。

以後、土佐藩主としての一豊の時間はわずか四年九ヶ月であったが、この間に実施した施策は実に多岐にわたった。一国を支配するに十分、且つ中央政権から課される軍役に対応するに必要なだけの家臣団を創出するために新規召し抱えを進め、政治の中心となる新城を築城し、家臣団とその生活を支える商工民が集住する城下町を整備し、加えて地方支配組織の構築や寺社秩序の再編等々、忽ちの間に藩政の機軸となる政策を実行に移した。

山内康豊像（部分）　要法寺蔵
一豊の弟・康豊は、慶長５年（1600）に一豊に先立って土佐に入国し、浦戸城の接収を行い、また翌年には幡多郡中村２万石を与えられ、一豊の土佐一国支配を助けた。また、一豊没後も２代目藩主忠義の父親として、土佐藩の基礎を固めるために尽力している。一豊が曹洞宗の真如寺を菩提寺としたのに対し、山内家の本来の宗旨である日蓮宗門徒であり続けたのは注目に値する。

小稿では、一豊が展開した施策のうち、領民支配に深くかかわる「村役人の任命」、「諸産業の把握」、「交通網の整備」、これら三つの政策を紹介したい。

村役人の任命

一豊が入国した当時の土佐国では、新しい領主の入国に対する不安から、多くの領民たちが山中に籠っていた。これに対し一豊は、例えば「当国法度の事、衛門太郎殿（長宗我部盛親）御置目の如く申し付くべく候間、又又在所へ立ち還り尤ニ候」と、長宗我部時代の先例を踏襲することを知らせ、村への還住を要請した。

在地の安定なくして恒常的な年貢・公事の納入はあり得ない。そのためには、支配網を領内の隅々にまで行き渡らせることが先決である。そして、その要となるのが村役人たちである。

村々の有力者に対しては「其人《そのひと》奉公仕《つかまつ》り度《た》しと申し候ハ、扶持すべく候、若《も》し又百姓なミと申し候ハ、、何の道にも異儀なく申し付くべく候」と、山内家家中身分か百姓身分かどちらかの選択を求めている。土佐への兵農分離の導入である。村役人として生きる道を選んだ幾人かを紹介しよう。

高岡郡須崎の有力者であった三本六左衛

一領具足供養の六地蔵　高知市浦戸
関ヶ原合戦後の慶長五年十二月、長宗我部氏の存続を訴えて、浦戸城を攻め討たれた遺臣たちの胴体を埋めた場所と伝える。浦戸一揆と呼ばれたこの戦いでは、長宗我部氏の下級家臣である一領具足たち二七三人が戦死し、その首は塩漬けにして大坂に送られたという。胴体を埋めた塚には石丸神社が建立されたが、側に供養のための六地蔵が建つ。

門は、慶長六年（一六〇一）三月三日に地域の肝煎として、地下人の支配を申し付けられた。その後、十二月二十八日には給地として一町一反が付与されている。このように、庄屋役と給知がセットで付与されるのが通常の形である。

　川谷惣兵衛のように、一豊入部にあたり安芸郡佐喜浜より甲浦へ一豊を出迎えに行き、野根浦に人家を取り立てたいと願い出て、野根村の庄屋となった事例もある。同じような事例として、高岡郡須崎の中平清兵衛は、一豊の召し抱えを断り、新たな町を興したいと申し出て、年貢と諸役免除の特権をもって新しい町の建設を開始した。

　一方、慶長六年十一月二十日付の前田孫左衛門宛野中主計書状によれば、孫左衛門は山分の「諸事触等」で役に立っているということを、野中から一豊に上申した結果、一町三反の土地が付与されたことがわかる。長宗我部時代の村の有力者は、従前の権利維持のみならず、新しい体制下で如何に生きるかを模索していた。一豊もまた、旧例の重視に加えて、各地域で新しい支配に役立つ者たちを積極的に登用していったのである。庄屋給地を付与する一豊の書状に「去年已来《いらい》公儀奉公能々《よくよく》相勤め候ニ付」とあるのは印象的である。

産業の把握

　生産活動から離脱した武士たちの生活は、いわゆる農・工・商に携わる人々により支えられる。ここでは、一豊が在地に敷いた物資の流通・供給体制について触れておきたい。

［材木］

　高知城築城を始めとして、江戸初期は各地で普請と作事が頻繁に行われた時期であり、そのための材木の確保は藩にとって重要な課題であった。これは、単に領内のことに留まらず、徳川幕府から課される普請役負担のためにも材木の確保は勿論欠かせなかった。実際、「将軍様へ上げ申す御座船之かわり」に幡多《はた》郡三原の樟《くす》板材を幕府へ献上したという記録もある。土佐材木は中世以来、上方でも知られた良材であったので、一豊は入国直後から、材木の伐採禁止を命じている。たとえば、慶長六年三月十三日付の康豊宛一豊書状では、奉行の許可なく材木を伐採することを禁止している。松のふしを取って商売とする幡多郡だけは、従来の方法のみを許可し「新儀」の材木伐採を禁止している。また、慶長六年十一月十五日付の一豊書状では、韮生・槇山・豊永・本山といった材木産地の百姓中

土佐全国ノ図　高知県立図書館蔵
江戸後期か明治初年に成立した土佐国の国絵図で、７郡が色分けされて、各村が俵形に表示される典型的な国絵図の系統の図面である。土佐に入った一豊は、野中益継や上方の御用商人・志方源兵衛などを代官に任命して、農村統治を行った。また、浦戸から幡多郡に至る道の整備を命じるなど、広い領内を行き来するための街道整備を行い、土佐一国の領国化に尽力している。

に対して、不作につき当面は材木商売を許可するが、来年に藩で伐採できるような木に印を付けさせるために、家臣の五藤又助と福富源兵衛を派遣することを述べている。

［瓦］

慶長六年十二月二十三日の一豊判物は瓦師源右衛門にあてられたもので、居屋敷として忠兵衛塩田四十代（一代は六歩）が遣わされている。領国内での瓦の自給を目論んだのであるが、良質な瓦は上方から取り寄せざるを得ず、高知城築城の際に使用した瓦は、大坂から移入したようである。

［茶］

慶長七年二月二十五日付の福岡市右衛門・上野惣右衛門宛一豊書状では、「棒蔵主」に「茶之大工」を申し付けて在々へ差し遣わすので、同人が訪れた際には各村から弐人扶持宛を渡すべしと命じている。この棒蔵主が何者なのかは不詳であるが、製茶に係わる僧侶なのであろう。もちろん、棒蔵主の作る茶は藩主家のためのものである。同日付でこの棒蔵主への茶の引き渡しを命じる一豊の書状が、土佐郡西之山・長岡郡黒瀧・穴内・香我美郡夜須・大忍・韮生・山田の所々庄屋百姓中へ出されている。しかも、これは蔵入地だけでなく、給人知も含めてである。慶長八年（一六〇三）正月二十二日にも、香我美郡・長岡郡・吾川郡の在々所々庄屋百姓中に対して、同様の指示がなされ、更に一番茶を摘み取った村々には「十分一」といわれた税の免除が認められている。

［その他］

・紙

慶長六年七月二十三日付で一豊から幡多郡上山庄屋の助右衛門に対して、楮《こうぞ》による「中折りの料紙」運上が命じられている。

・油

年紀不詳十一月八日付の一豊書状では、領内から荏油《えのあぶら》でも胡麻油でも油を尋ね出すように、また、油の道具を他国へ渡すことを禁止するように指令が出されている。

・塩

年期不詳十一月十九日付一豊書状は、香我美郡赤岡の庄屋五郎兵衛と赤岡に隣接する岸本の庄屋に出された物であるが、一年間の年貢免除を条件に塩田開発が命じられている。

このように、一豊は入国早々に、藩主家と家臣団を支える領内の物資調査を実施し、その供給ルートの確保を図ったのである。

交通網の整備

慶長七年正月二十日付の一豊判物は、安芸郡奈半利川の渡守に従前とおりの勧進を認めたもので、各家から籾《もみ》一升ずつを差し出すよう、東寺・羽根・安田・安喜の在々庄屋中に命じている。また、年期不詳の一豊判物は安芸郡伊与木村の治左衛門かたへ宛てられたものであるが、道筋伝馬人足を蔵入地・給人知の区別なく伊与木谷中として務めるよう指示している。同じく年期不詳の一豊判物では、長岡郡岩原の道番方へ三反の扶持がなされている。道番とは、他国に隣接する地域に設置された国境番所である。

一方、主として海で外界と結ばれる土佐では、交易にしろ軍役負担にしろ海の道が不可欠である。舟奉行樋口関太夫や真鍋善右衛門は、一豊の土佐入国にあたり大坂で召し抱えられた和泉国出身者であるが、一豊は彼らによる新しい山内水軍の編成を目指したのである。

慶長七年になると、浦方の調査が実施されたようで、四月十五日付の『種崎廻船釣舟指出』が確認できる。この帳簿は、「八端帆　一艘　安喜ニて料木千二百丁渡し　与拾郎」などと、浦戸城の直近にある種崎浦の帆数・船数・搬送実績・船主が記される。八端帆一艘、六端帆二艘、五端帆七艘、四端帆一二艘、三端帆三五艘の船が記録され、「ぬし（主）かミ（上）へ参り、い（居）申さず」と船主が不在のものが目立つ一方、「いま作申候」と新船作造も数艘あり、当時の種崎の状況を彷彿させる。

その他、この記録には中高の網八張や持網十五張、紺屋十四人や酒屋十六人といった、漁師網や船関係者以外の商人も登録されている。

翌慶長八年には、浦戸より東にある浦々の船頭と水主の調査が実施されている。慶長八年六月廿一日付で一豊の花押が据えられた帳簿があり、浦戸から甲浦までの二十四浦が調査対象とされ、例えば浦戸の場合は次のように記されている。

浦戸水主之事
　百二十五人内
　　有水主　五十二人
　間人　二十一人
　死走役ニ不立　二十人
　町の年寄り分　十二人
　船頭　二十人　五人は今度被召出分
　福岡内膳船頭に出　一人

水主とその下に位置する間人《もうと》、死んだり逃げたりした者や役に立たない者、町年寄、

山内一豊の墓　高知市筆山町
鏡川の南、筆山の中腹にある山内家墓地内にある一豊の墓地。一豊の遺体は一度火葬されて筆山へ葬られたが、その後廟所が火災を受けた。寛文九年（一六六九）になって、第三代藩主忠豊の埋葬を機に現在地に移された。

追手門から見た高知城天守閣　高知市丸ノ内
高知城は慶長六年（一六〇一）九月に着工、約十年を費やして建造された。天守閣は四層五階の望楼型で、最上階には一豊が掛川城を模して造ったと言われる廻縁高欄が付けられている。当初の天守閣は、享保十二年（一七二七）に焼失、現存天守は寛延二年（一七四九）に再建されたものだが、国の重要文化財。

船頭の人数と名が羅列される。これに続き「右之外」として、樽屋・鍛冶・たくみや・しゆつくり・ぬし・紺屋・庄屋小使・寺・後家・やもめ・何も役に立たざる分などの家数が記される。あくまでこの調査の目的は、水主・船頭の人数把握であり、九三二人の水主・船頭たちが数えられている（水主五六七人・御召船水主五一人・間人一〇六人・御扶持人の船頭六九人など）。

一豊は入国直後、年貢や夫役の徴収のために、それを負担する本百姓の家数調査を行い、課役台帳を作成したようであるが、浦方では、海の交通を安定させるために不可欠の船とそれを動かす水主たちの把握を図ったのである。

一豊の敷いた在地支配体制は、次の時代を、否土佐藩二百七十年を大きく規定する。体制を支え続けたものもあれば、勿論、時代の推移により改廃されたものもある。とはいえ、秀吉政権下で転封を繰り返した一豊のいわば手慣れた領地支配の展開によって、土佐藩はとりあえず無事船出するのである。

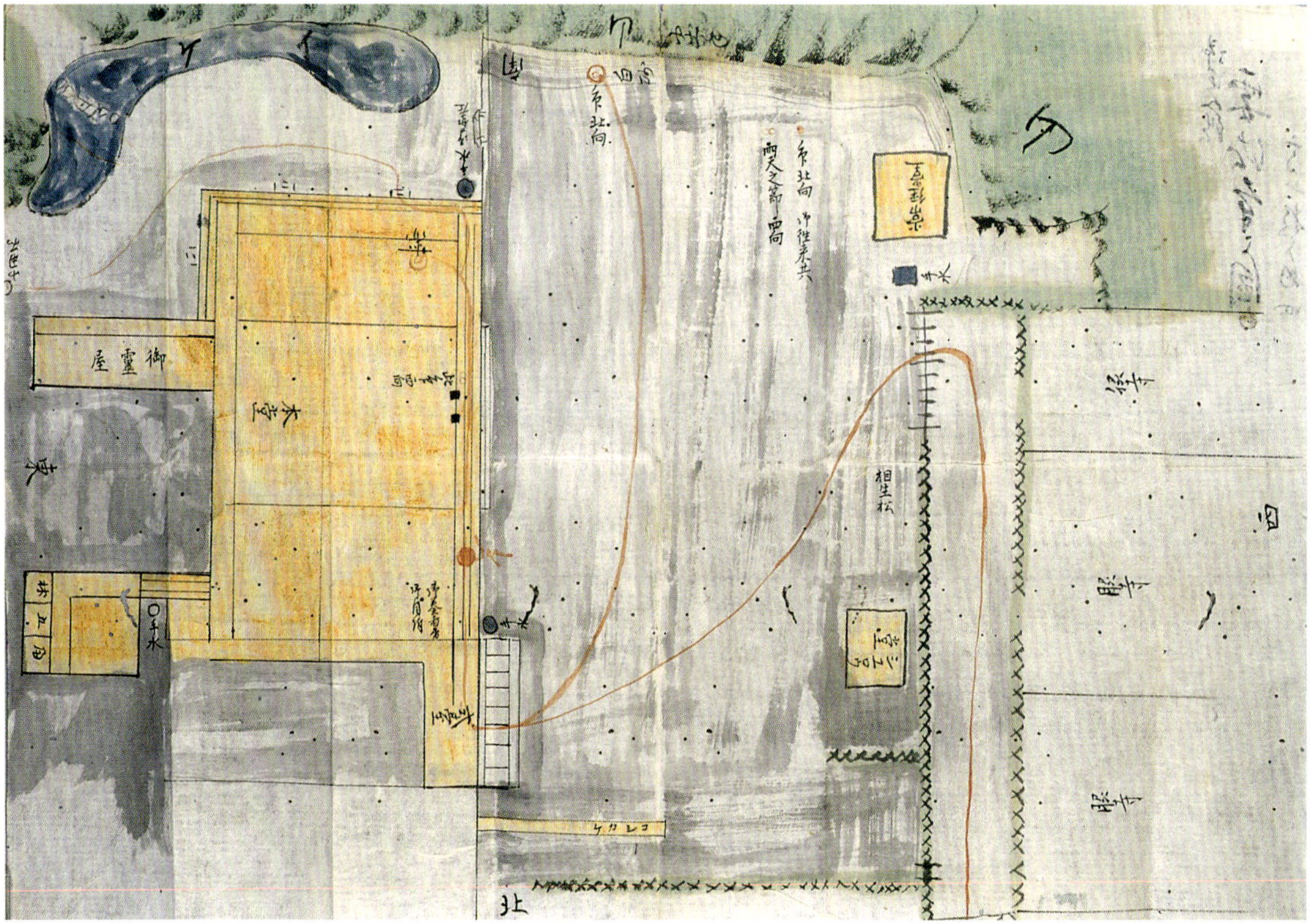

要法寺之図　安芸市立歴史民俗資料館蔵

掛川から高知へ移った要法寺は、最初城下町にあったが罹災したため、元禄元年（1688）に現在地に移転した。本図は南面に山があるので、筆山の麓に当る現在地の図面と分かる。現本堂は東向であるが、江戸時代は西向であったこと、また本堂の後に御霊屋があったこと、それに西側に脇寺（塔頭）3ヶ寺が並んでいたことなどが分かる。

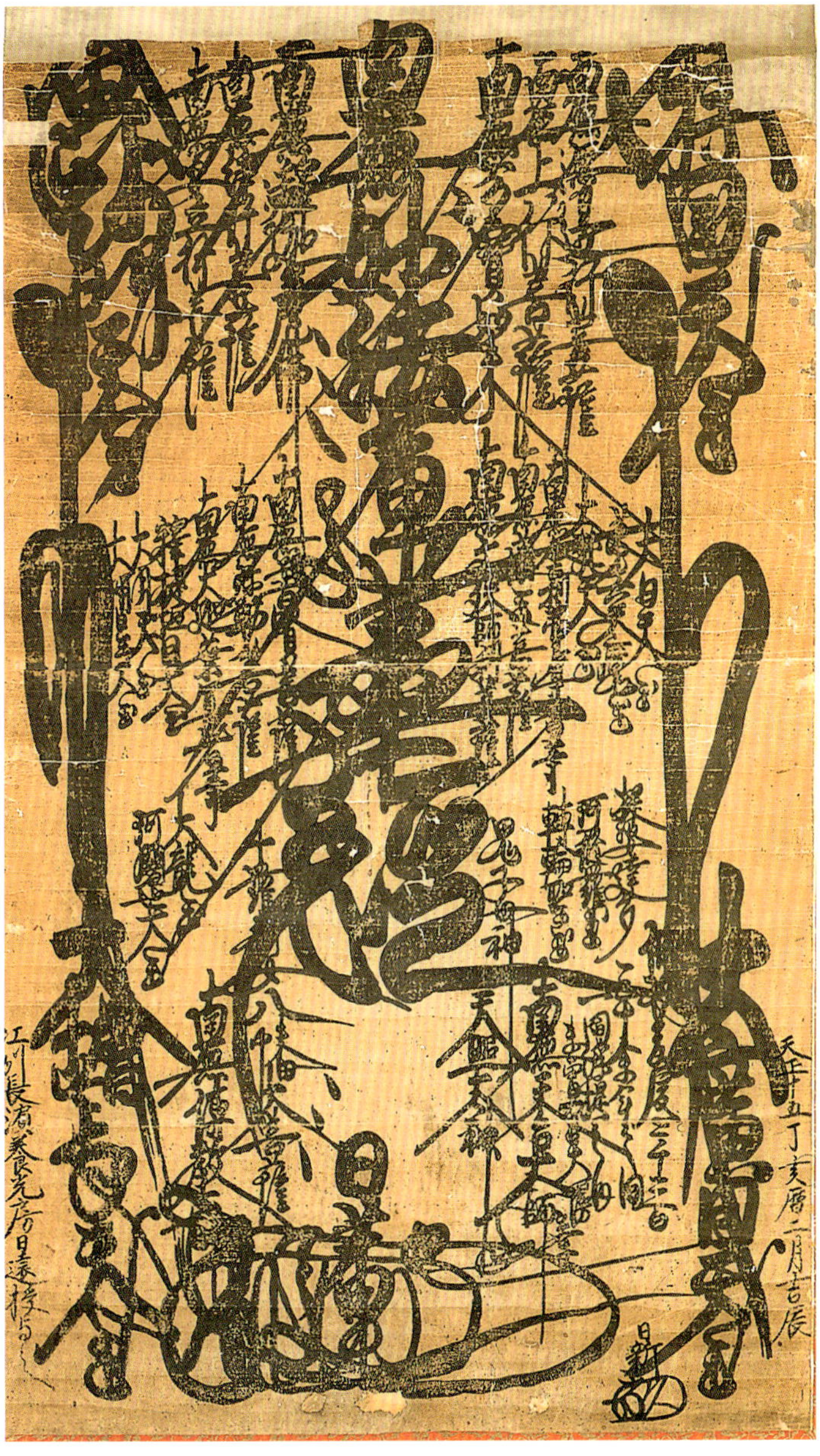

日新上人開眼形木・日蓮聖人曼荼羅本尊　要法寺蔵

日蓮聖人が書した曼荼羅本尊を、身延山第17世の日新が開眼、版木刷りして、長浜の要法寺へ天正15年（1587）2月に与えたもの。右下に年号と日新の署名・花押、左下に「長浜養光房日遠」へ与える旨の墨書がある。日遠は当寺第４世であるが、要法寺が長浜にあった事実を証明する貴重な史料である。

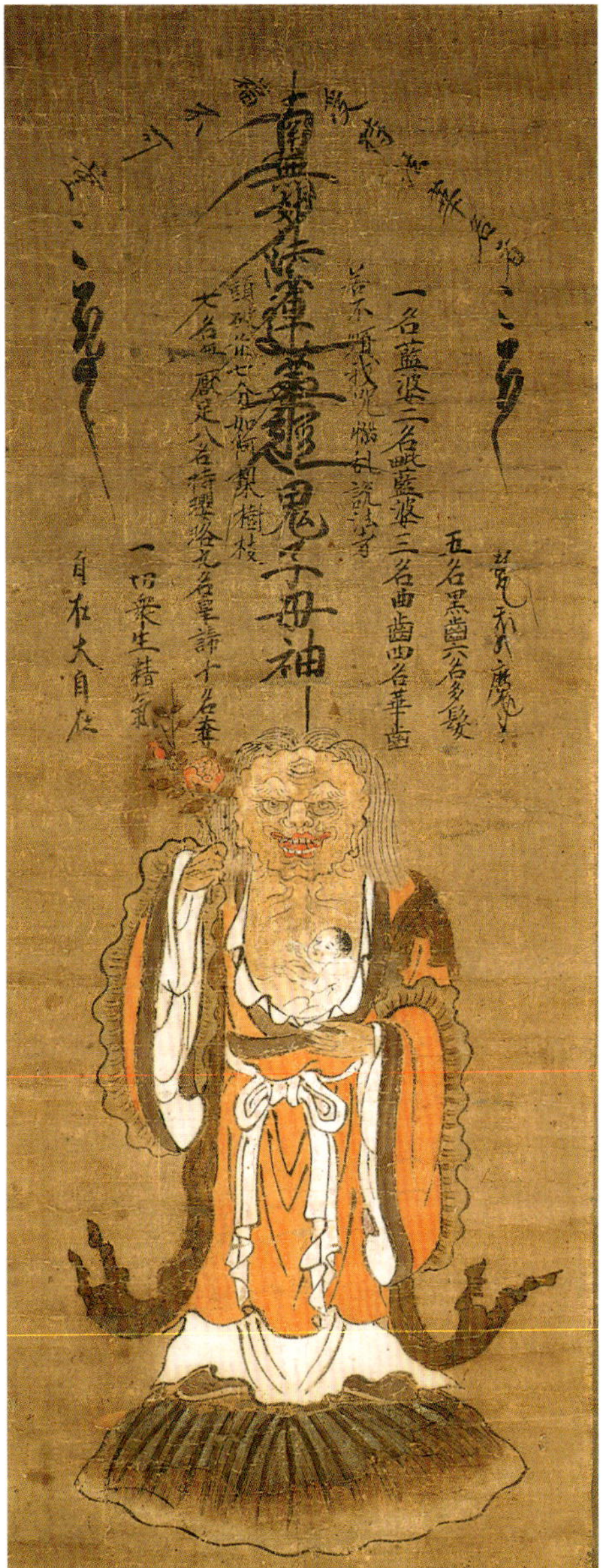

鬼子母神像　要法寺蔵

鬼子母神は、もともと女性の夜叉で、幼児を捕らえて食っていたが、仏陀の教化を受けて悔い改めたという説話をもつ。安産・幼児保育の神として崇められ、特に法華経を擁護する神として日蓮宗で崇拝された。本像は左手に乳飲み子を抱き、右手に「ざくろ」を持つ通形の像で、紙本著色。『南路志』にも要法寺の什物として記され、室町時代の作であるので、同寺の長浜時代から所蔵していた可能性がある。

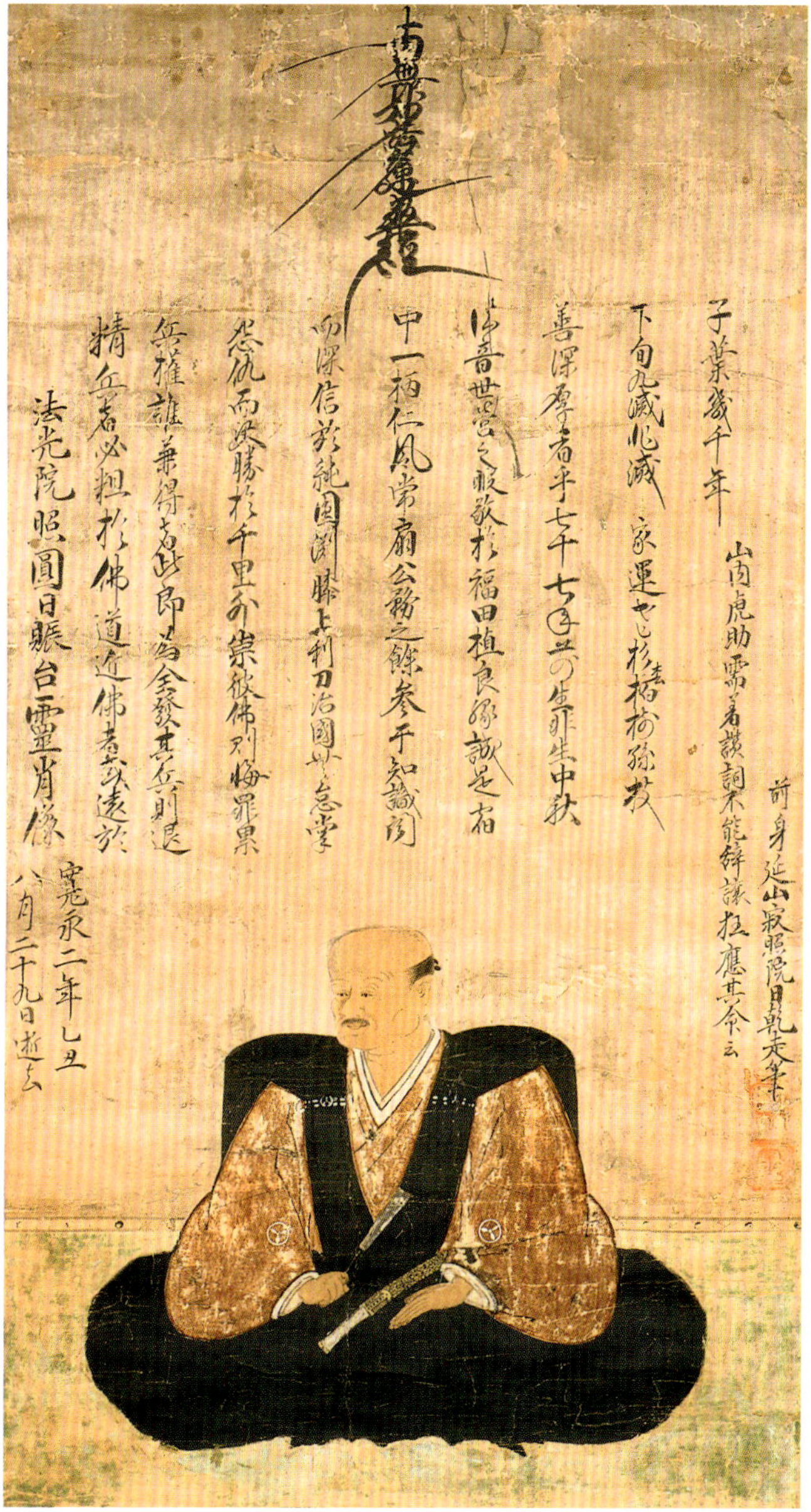

山内康豊像　要法寺蔵
寛永二年（一六二五）八月二十九日に没した一豊の弟・康豊の画像である。紙本著色。題目の下に記された賛文は、身延山第二十一世をつとめた日乾によるもの。要法寺には康豊を祀る「法光院御霊屋」があったが、元禄元年（一六八八）の寺地移転の後、寺の南の山に墓地は改葬された。

恵沾院像　要法寺蔵

万治三年（一六六〇）五月二十九日に没した、山内康豊の娘・郷の画像である。二代目藩主忠義の妹に当る。絹本著色。身延山第二十八世の日奠による賛文がある。郷は土佐藩中老・酒井吉佐の妻となったが、現在も要法寺にはその廟所がある。江戸時代の要法寺の御霊屋には、一豊・忠義らの兄弟が祀られていたが、これは同寺が尾張時代からの山内家菩提寺であったことを証明している。

慈仙院像　要法寺蔵

正保三年（一六四六）七月二十九日に、九三歳で没した一豊の妹・合の画像である。合は美濃国大野郡清水（岐阜県揖斐川町）の野中良平へ嫁ぎ、良平死後はその弟の益継に再嫁した。野中家は、掛川時代から合の孫にあたる兼山に至るまで、初期山内家の政治を支えた。絹本著色。

要法寺と山内家

太田　浩司

「山内一豊公出生之地」碑　愛知県一宮市木曽川町黒田
黒田の法蓮寺境内に建立されている碑文。同寺には、一豊父の盛豊、兄十郎の墓があり、一豊が生まれたとされる黒田城跡にも近い。法蓮寺は日蓮宗寺院で、山内家が当初から日蓮宗の門徒であったことを類推させる。

尾張から長浜へ

要法寺は、現在高知市筆山《ひつざん》町にある日蓮宗の寺院で、神力山と号し、本尊は十界大曼荼羅である。江戸時代に編纂された土佐国の地誌『南路志』巻十五によれば、「当寺ハ元ト近江国長浜ニ在リ、文亀頃日仁聖人開基」とあり、いかにも長浜が創建の場所と読めるが、寺伝では長禄二年（一四五八）に開山日仁によって、尾張国中嶋郡苅《かり》安賀《やすが》村（愛知県一宮市大和町）に建立されたとされる。一豊が出生したとされる黒田村（一宮市黒田木曽川町黒田）と、要法寺があった苅安賀は、直線距離で七キロ程しか離れていない。おそらく、尾張時代の山内家は要法寺や、父や兄の墓がある黒田法蓮寺など、日蓮宗寺院を菩提寺としていた

要法寺　高知県高知市筆山町
現在の要法寺の境内。平成二年に伽藍が再興され、右側は新本堂である。正面の庫裏の後に見えるのが筆山。画面を外れた左の山中に、康豊の墓地があり、本堂の南には恵沾院の廟所がある。

と考えられる。事実、一豊も弘治三年（一五五七）には、日蓮宗の総本山である身延山へ、武運長久を祈って誓紙を届けた話（『要法寺年表』）も伝わっており、尾張時代から同宗との密接な関係をうかがわせる。

その後、天正十三年（一五八五）に山内一豊が長浜城主になったのを機に、要法寺四世の日遠が招請され、長浜に寺を移したとされている。苅安賀村の要法寺は、日遠の弟子にあたる日雄が継いだが、慶長十九年（一六一四）に廃寺となり、寺跡は黒田法蓮寺が継承した。長浜に移された要法寺の場所は、現在ではまったく分からない。長浜の旧城下町域内には、秀吉の子供で夭《よう》折《せつ》したと伝える秀勝の菩提寺・妙法寺（長浜市大宮町）が存在する。同寺には秀勝を埋葬したと伝える墓地があるが、平成十四年〜十五年にかけての発掘調査により、墓の形態は「石囲い箱棺墓」とわかり、安土桃山時代の大名一族の墓所であることが確認された。この妙法寺も北近江では珍しい日蓮宗であり、要法寺と何らかの関係があるのかもしれない。

長浜時代の要法寺

山内家の家伝書の一つである『宗伝様御武功記』によれば、天正十四年（一五八六）七月十七日、一豊の母・法秀院が亡くなり、長浜の要法寺に葬ったと記されている。同書は、要法寺について「御代代ノ御菩提所タルニヨリ御所替ノ先へ度度引移サルルナリ」と記している。一豊母が長浜で死去し、要法寺に葬られたことは、山内家の『御納戸記』など他の家伝書にも見えているが、土佐国へ移された現在の要法寺には、法秀院の墓所・位牌は伝わっていない。ただし、『南路志』によれば、要法寺に安置する位牌の一覧が示されており、そこには「法秀院縁月妙因尊霊」と記された一豊母の位牌が上がっている。したがって、江戸時代の要法寺では、一豊母・法秀院の位牌を祀り、その供養を行っていたと考えられる。

なお、米原市宇賀野には、やはり一豊母・法秀院の墓と伝えられる場所があることは、本書でも随所に触れている。この近江の墓と、要法寺墓との関係は現在のところ、まったく不明である。山内家が編纂した『一豊公紀』に載る「山内家関係史跡探訪報告書」によれば、宇賀野の法秀院墓の近くに「西屋敷内」と称する所があり、そこに「要法寺趾」なる場所があると記しているが、現在確認することができない。長浜城下町内にあったと推定される要法寺

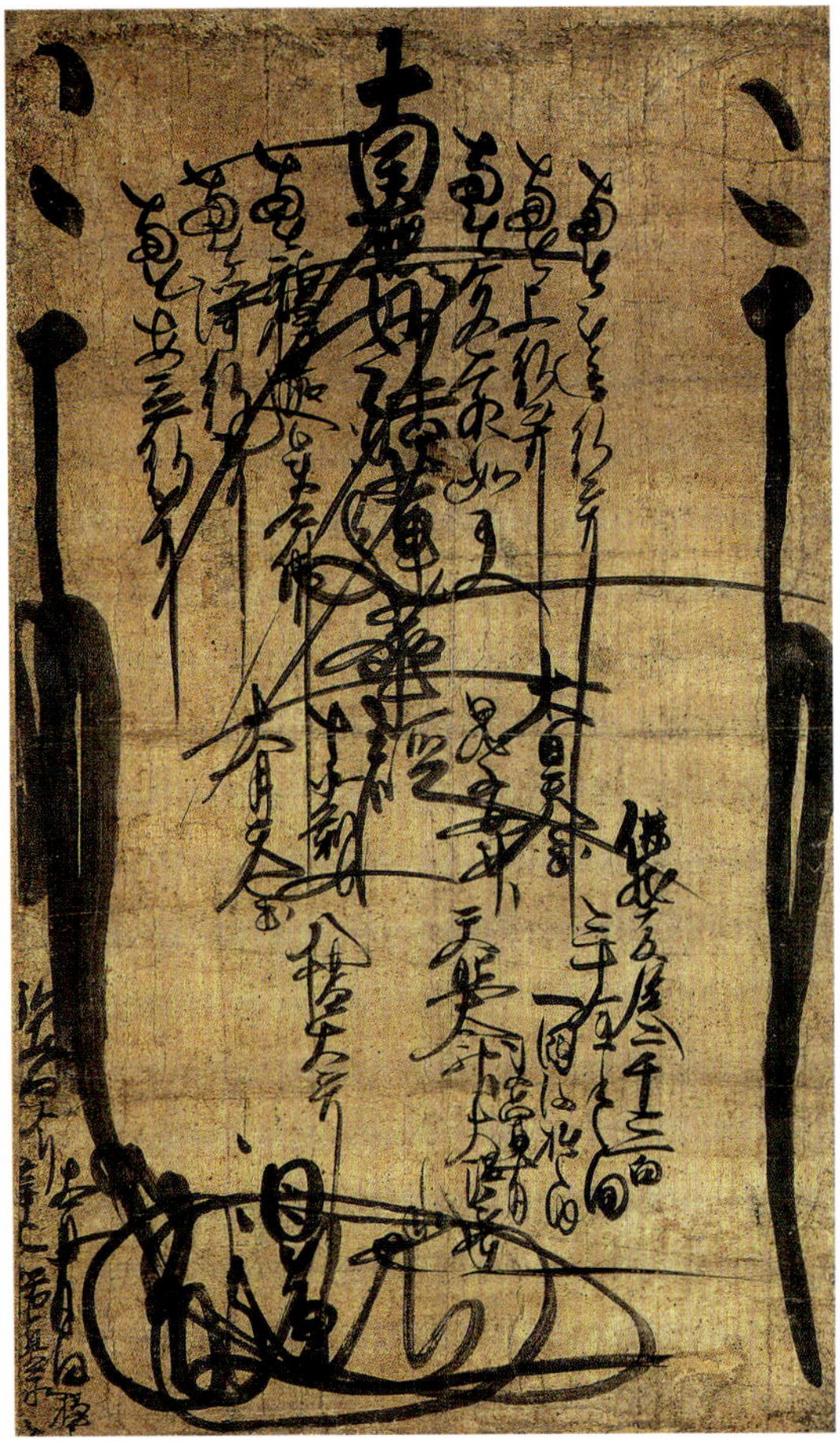

日蓮聖人曼荼羅本尊　要法寺蔵

日蓮宗では、法華経の題号である「妙法蓮華経」の五文字を題目と呼び、本尊として礼拝した。五文字の上に冠せられる「南無」は帰依するという意味。本書は日蓮聖人が、弘安4年（1281）に書した題目で、一豊が要法寺へ寄進したとものである。これも、一豊と日蓮宗の深いつながりを物語る。

が、長浜から五キロ程南に離れた宇賀野に存在したという事実は、常識的には考えられない。

要法寺が長浜にあった事実は、天正十五年（一五八七）二月に当寺の日遠が、身延山久遠寺の第十七世日新から「日新上人開眼形木・日蓮聖人曼荼羅本尊」（一一七頁）を授けられたことで、確証が得られる。この曼荼羅は要法寺に現存しており、その向かって左下には「江州長浜養光房日遠授与之」の文字が見えている。もちろん、「養光房日遠」は、当寺の第四世日遠のことで、要法寺が長浜に存在したことを物語る貴重な作品と言える。

長浜から掛川・高知へ

やがて、天正十八年（一五九〇）九月二十日、山内一豊が長浜から掛川に転封したことにより、日遠も掛川に移り新たな要法寺を建立している。同年十一月二十日には、一豊から判物を得て、佐野郡石野村（袋井市愛野）に寺領百石を得ているが、長浜時代同様、掛川時代の要法寺の場所も特定できない。さらに、この掛川時代、弘安四年（一二八一）十月の墨書がある「日蓮聖人曼荼羅本尊」を、一豊が寄贈したことが『南路志』に見えている。この曼荼羅は要法寺に現存しており、当寺随一の重宝となっている。

関ヶ原合戦後、一豊が土佐国へ転封となり、慶長六年（一六〇一）正月に入国すると、日遠もこれに従い浦戸（高知市浦戸）に要法寺を移している。尾張から数えて三回目の移転を果たした後、一豊の信頼が厚かった日遠が、同年八月九日に死去した。寺跡は、弟子の日顕が継いでいる。慶長八年（一五〇三）には、城と城下町の移転にともない、要法寺も浦戸から高知城下の旧要法寺町（現在の高知市堺町の一部）に移転した。この旧要法寺町は、高知城の南東に当たり、旧掛川町と北接しており、その近辺は掛川から一豊に従った人々が、多く集住した場所と推定できる。当地での寺域は、東西五十三間、南北四十八間あり、一豊から長岡郡野田（南国市上野田・下野田）に寺領百三十石を与えられていた。

その後、貞享四年（一六八七）十二月の火事により、境内をほぼ全焼したので、元禄元年（一六八八）、筆山の麓・潮江《うしおえ》村の現在地に替地を与えられ、順次堂舎を再建し、現在に至っている。『南路志』に見える法光院（康豊）墓・恵沾院《えてんいん》（康豊娘・土佐藩中老酒井吉佐室）墓は現存しているが、塔頭として存在した養運院・本明院・寿仙院は、他所へ移るなどして当地には現存しない。

山内家と寺院

要法寺の他にも、山内家と密接な関係をもつ寺院が、いくつか存在する。掛川時代に創始され、高知に移された曹洞宗真如寺もその一つである。関ヶ原合戦で東軍に呼応することを促した在川禅師が住職であったが、彼は一豊の叔父とも伝える。一豊以来、土佐藩歴代藩主は真如寺住職を導師として葬送されており、土佐藩山内家当主の菩提寺であった。さらに、浄土真宗円満寺も掛川から土佐へ移された寺である。一豊弟である康豊の妻・妙玖院が、真宗門徒であったので、その菩提を弔ったとされるが、高知に移った同寺は現存していない。ただ、掛川には同寺関係者が残ったと推定され、その名跡を継いだ円満院は、掛川市西町に現存している。この他、古くから土佐にあった臨済宗吸江寺《ぎゅうこうじ》、京都妙心寺内の大通院も山内一豊が帰依した寺院である。

このように、一豊の数度の転封の中で、掛川から高知に移された寺としては、真如寺と円満寺があるが、長浜から掛川・高知へと移された寺は要法寺のみである。一豊は出世するに従って、曹洞宗や臨済宗と大きく関るようになるが、弟の康豊・姉の通（北方殿）・妹の合（慈仙院）たちは日蓮宗であり続けた。さらに、本章の冒頭で述べたように、要法寺は尾張時代から山内家との関係がうかがわれ、同家は本来日蓮宗であった可能性が濃厚である。最も古い山内家の菩提寺として、要法寺は土佐藩内でも特別な寺院であったと考えられよう。

三十番神像　要法寺蔵

三十番神は一ヶ月三〇日を毎日交番して、国家または法華経を守護する三〇人の神を言う。法華経を根本経典とする日蓮宗では特に重視された。紙本著色。『南路志』によれば、本寺には三十番神を掛川時代から祀り、日遠はこの神を背負って土佐まで来たという。

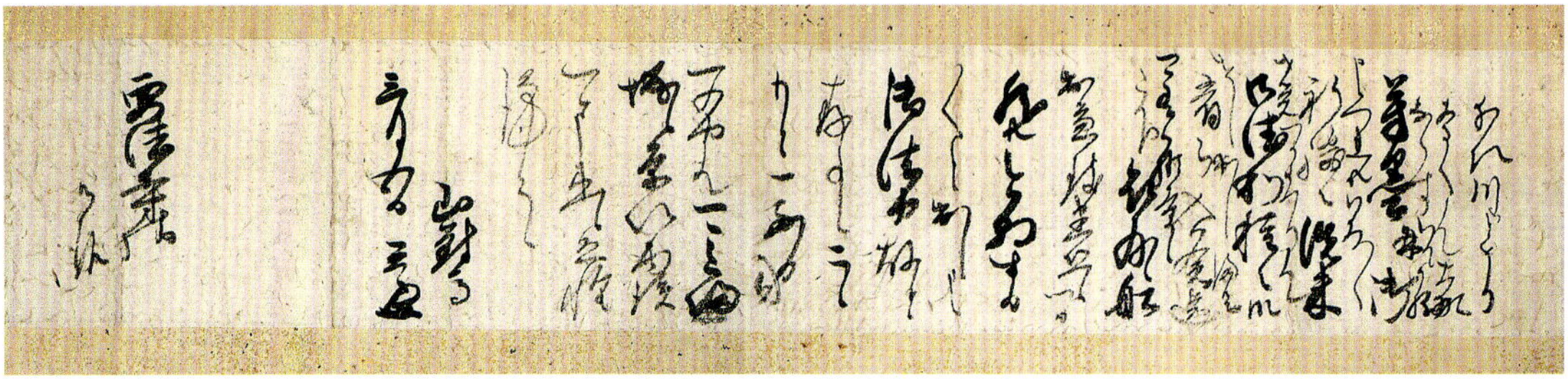

山内一豊書状　要法寺蔵

山内一豊が、3月5日付けで要法寺へ宛てた書状である。「祈祷の洗米」・徳利・肴を送られた礼を述べ、船出が難航していたにもかかわらず、今朝は順調に出船できたのは、要法寺の法力であると記している。年代は特定しがたいが、高知時代のものであろう。

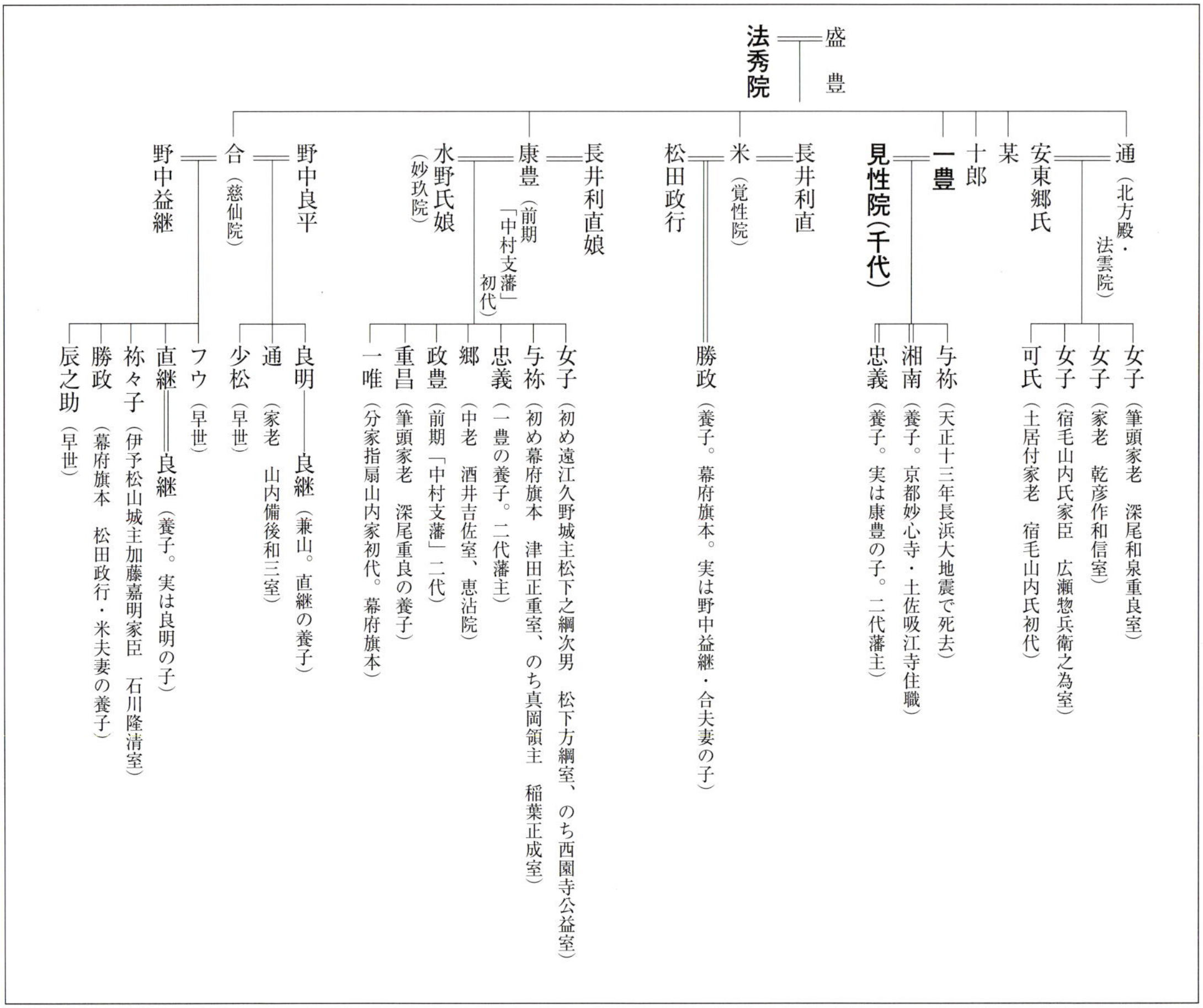

一豊の家族関係

山内一豊年譜

年（西暦）	年齢	山内一豊関係事項	時代背景
天文一四（一五四五）	一	岩倉織田氏の家老山内盛豊の三男（二男説もある）として尾張国黒田城で生まれる（尾張国岩倉城出生説もある）。	この頃、清須織田氏家老の信秀が急速に台頭する。
天文二〇（一五五一）	七		三月三日　織田信秀が病死、信長が跡を継ぐ。
天文二四 弘治元（一五五五）	一一		四月　織田信長、清須城を攻め取る。
弘治三（一五五七）	一三	七月一二日　兄の十郎が織田信長軍の夜襲で死亡する（父の盛豊死亡説もある）。見性院（一豊夫人・千代）が生まれる。	
弘治四 永禄元（一五五八）	一四	七月一二日　浮野の戦い。山内盛豊らが奮戦するも、岩倉織田氏は信長軍に大敗する。	
永禄二（一五五九）	一五	岩倉城落城し、父の盛豊が死亡する。一豊は苅安賀城の浅井新八郎を頼るが、すぐに松倉城の前野長康のもとへ移る。この年、元服し、伊（猪）右衛門尉と名乗る。	
永禄三（一五六〇）	一六	美濃の牧村城主・牧村政倫を頼るが、のちに、近江の山岡景佐に仕える。	五月一九日　信長、桶狭間の戦いで今川義元を破る。
永禄一〇（一五六七）	二三		八月一五日　信長、稲葉山城を攻め、斎藤氏を滅亡させる。
永禄一一（一五六八）	二四	この頃、信長に仕えるともいう。	九月二六日　信長、足利義昭を擁して上洛する。
永禄一三 元亀元（一五七〇）	二六	この頃、見性院（千代）と結婚する。姉川合戦後、羽柴秀吉が城代をつとめる横山城に入ったと推定される。	四月　信長、越前の朝倉氏を攻めるが浅井氏の挙兵で、退却する（金ヶ崎の退き口）。 六月二八日　姉川の戦い。織田・徳川軍が浅井・朝倉軍に勝利。
元亀四 天正元（一五七三）	二九	八月一四日　刀根坂の戦いで朝倉方の猛将・三段崎勘右衛門を倒す。戦後、秀吉から、浅井郡唐国四〇〇石を与えられる。	八月～九月　信長、浅井氏・朝倉氏を攻め、滅亡させる。
天正三（一五七五）	三一	五月三日　長篠合戦に参陣する。	五月二一日　信長、長篠・設楽原の戦いで武田軍を破る。 八月　信長、越前一向一揆を平定する。
天正五（一五七七）	三三	秀吉の播磨攻めに従軍し、播磨国有年で七〇〇石を与えられる。	一二月三日　秀吉、播磨国上月城を落城させる。
天正六（一五七八）	三四	一一月　三木城を包囲しつつ、摂津国有岡城攻めに参加する。	二月　秀吉、三木城攻めを開始する。天正八年（一五八〇）一月に落城する。
天正九（一五八一）	三七	秀吉の鳥取城攻め、淡路攻めなどに従軍する。	六月～一〇月　秀吉、鳥取城攻めを行う。 一一月　秀吉、淡路攻めを行う。

天正一〇（一五八二）	三八	六月一三日　山崎の戦いでは秀吉本隊に属す。戦後に、播磨国印南郡で五〇〇石を与えられる。	四～六月　秀吉、備中高松城攻めを行う。 六月二日　信長、本能寺で討たれる。 六月三日　秀吉、本能寺の変の報を得て、四日に毛利軍と講話、六日から中国大返しを開始する。一三日、山崎の戦いで明智光秀を破る。二七日、清洲会議。
天正一一（一五八三）	三九	二月　伊勢亀山城攻めで一豊隊が一番乗りを果たす。家臣の五藤為浄が戦死する。 四月　賤ヶ岳の戦いに参陣し、戦後に河内国禁野《きんや》で三六一石余を与えられる。	二月　秀吉、伊勢の滝川一益攻略戦を開始。 四月二〇日～二一日　秀吉、賤ヶ岳の戦いで柴田勝家を破る。 九月　秀吉、大坂城の築城に着手する。
天正一二（一五八四）	四〇	三月～一一月　小牧・長久手の戦いに参陣。 九月頃　長浜城主五〇〇〇石となると家伝記は伝える（初長浜）。	三月～一一月　秀吉、織田信雄・徳川家康連合軍と戦う（小牧・長久手の戦い）。
天正一三（一五八五）	四一	三月　紀州攻めに参陣。 六月　若狭国高浜城主一万九八七〇石余となると家伝記は伝える。 閏八月　長浜城主二万石となる（後長浜）。豊臣秀次の宿老となる。 一一月二九日　長浜大地震で一人娘の与祢を失う。	三月　秀吉、紀州の根来衆・雑賀衆を攻める。 七月　秀吉関白となる。 閏八月　秀次・近江八幡山城主となる。
天正一四（一五八六）	四二	正月　山内家での紙衣を着す年頭の儀礼と駒初が始まる。 七月一四日　法秀院（一豊母）、宇賀野長野家（または長浜）で死亡する。	
天正一五（一五八七）	四三	この年、正五位下対馬守に叙任される。この頃、方広寺大仏・聚楽第の普請に従事する。九州攻めには参陣せず。	三月～七月　秀吉、九州攻めを行う。
天正一六（一五八八）	四四	四月　後陽成天皇の聚楽行幸に供奉する。	
天正一八（一五九〇）	四六	三月二九日　小田原攻撃軍の先鋒として山中城を攻め落とす。 七月　遠江国掛川城主五万石となる。奥州平定に従軍後、凱旋する秀吉を大井川畔で接待する。	三月　秀吉、小田原北条氏攻めに出陣する。 七月五日　北条氏直が降伏する。その後、秀吉は奥州平定へ向かう。
天正一九（一五九一）	四七	一二月五日　軍用船建造を豊臣秀次から命じられる。 この頃、大井川の河道つけかえ工事を行う。	九月　秀吉、諸将に朝鮮出兵の準備を命じる。
天正二〇 文禄元（一五九二）	四八	この頃、伏見城の普請を担当する。	三月　文禄の役が始まる。
文禄二（一五九三）	四九	翌年にかけて、掛川領内の検地を行う。	
文禄三（一五九四）	五〇	九月、伊勢国鈴鹿郡で一〇〇〇石を与えられる。	
文禄四（一五九五）	五一	七月一五日　遠江国内の豊臣秀次旧領で、八〇〇〇石を与えられ、計五万九〇〇〇石の大名となる。	七月三日　石田三成ら四奉行が聚楽第に向かい、豊臣秀次の謀反の疑いを指弾する。一五日、秀次自刃。
慶長二（一五九七）	五三		一月　慶長の役が始まる。
慶長三（一五九八）	五四		三月一五日　秀吉、「醍醐の花見」を行う。 八月一八日　秀吉、死去する。

慶長四（一五九九）	五五		閏三月三日　前田利家が死去する。
慶長五（一六〇〇）	五六	六月二四日　掛川領に入った徳川家康を、「小夜の中山」で接待する。 七月二四日　見性院からの密使が到着、家康に三成挙兵の第一報をもたらす。 七月二五日　小山会議で家康に居城提供を申し出る。 八月二三日　織田秀信が守る岐阜城の総攻撃に参加する。 九月一五日　関ヶ原合戦場で、南宮山の毛利・吉川隊の抑えを担当する。 一〇月～一一月　土佐国高知城主二〇万二六〇〇石余となる。 一二月　浦戸城の接収が終わる。	六月一六日　徳川家康、会津上杉氏攻めに出陣する。 七月一七日　石田三成、家康追討の兵を挙げる。 七月二一日　家康、江戸城を発ち、会津に向かう。 七月二五日　小山会議で三成攻めが決定する。 九月一五日　家康、関ヶ原の戦いで勝利する。
慶長六（一六〇一）	五七	一月　土佐に入国、浦戸城に入る。 三月一日　相撲大会を桂浜で開催し、長宗我部の遺臣七三名を逮捕、処刑する。 八月　高知城の築城を開始する。	
慶長八（一六〇三）	五九	三月二五日　正五位下対馬守から従四位下土佐守となる。このとき、一豊・国松父子が家康・秀忠父子に謁見する。 一一月　長宗我部の遺臣が滝山一揆を起こす。	二月一二日　家康、征夷大将軍となる。
慶長一〇（一六〇五）	六一	五月一三日　一豊夫妻、伏見で家康・秀忠父子に謁見。忠義（国松）と家康の養女・阿姫《くまひめ》（松平定勝の次女）との婚約が成立する。 九月二一日　高知城で死亡する。翌二二日、見性院は出家する。	
慶長一一（一六〇六）		三月七日　見性院、高知を去り京都に移る。	
元和元（一六一五）		五月八日　大阪城が落城し豊臣秀頼、淀殿ら自刃する。	
元和三（一六一七）		一二月四日　見性院が六一歳で死去する。	

『一豊と秀吉が駆けた時代—夫人が支えた戦国史—』

資料目録

＊掲載順は、作品名・員数・時代・法量・文化財指定・所蔵者（保管者）の順である。
＊法量の単位は、センチメートルである。

《一豊・千代が生きた時代》

山内一豊像　一幅
江戸時代（前期）
縦一〇九・〇×横五〇・〇
土佐山内家宝物資料館蔵

山内一豊夫人像　一幅
江戸時代（前期）
縦一〇九・〇×横五〇・〇
土佐山内家宝物資料館蔵

山内一豊像　一幅
江戸時代（後期）
縦五四・〇×横五〇・八
土佐山内家宝物資料館蔵

山内一豊夫人像　一幅
江戸時代（後期）
縦五三・九×横五〇・五
土佐山内家宝物資料館蔵

唐国村絵図　一枚
延宝五年（一六七七）
縦七九・〇×横五五・〇
個人蔵

竹生島奉加帳　一帖
天正四年～一六年（一五七六～八八）
縦三一・〇×横四〇〇・二
滋賀県指定文化財
宝厳寺蔵

浅井長政書状写
『土佐国蠹簡集残編』四　一冊
江戸時代（後期）
縦二六・五×横一九・九
高知県立図書館蔵

織田信長朱印状　一通
永禄一一年（一五六八）
縦二五・七×横四〇・七
長浜城歴史博物館蔵

浅井長政像　一幅
江戸時代（中期）
縦九八・三×横三九・七
長浜城歴史博物館蔵

《長浜城の築城と城下町》

織田信長像　一枚
江戸時代（後期）
縦五四・四×横三七・七
国友助太夫家文書

豊臣秀吉像　一枚
江戸時代（後期）
縦二七・八×横三八・〇
国友助太夫家文書

豊臣秀吉像　一幅
明治八年（一八七五）
縦一〇九・八×横四一・三
長浜城歴史博物館蔵

《山内一豊の生涯》

豊臣秀吉朱印状　山内一豊宛　一通
天正一九年（一五九一）
縦四五・七×横六六・一
長浜八幡宮蔵

山内一豊書状　田中吉政宛　一通
天正一五年（一五八七）
縦二八・八×横四三・〇
宮川家文書

豊臣秀吉朱印状　山内一豊・堀尾吉晴宛　一通
天正一四年（一五八六）
縦三一・八×横四九・七
安芸市立歴史民俗資料館蔵

紙衣（山内一豊使用）　一領
安土桃山時代
縦七六・五×横四六・〇
土佐山内家宝物資料館蔵

土佐年中行事図絵　一巻
昭和時代
縦二七・三×横一〇八五・八
高知県立図書館蔵

豊臣秀次像　一幅
江戸時代
縦一〇二・三×横五六・五
瑞泉寺蔵

田中吉政像　一幅
江戸時代（前期）
縦七一・六×横三四・〇
個人蔵

《見性院と法秀院》

見性院使用　枡　一口
文化三年
縦一七・〇×横一七・〇×高八・〇
土佐山内家宝物資料館蔵

見性院道歌　一幅
江戸時代（前期）
縦一一七・〇×横五四・〇
土佐山内家宝物資料館蔵

法秀院使用　鏡　一枚
安土桃山時代
径一二・三×高一・六
宇賀野長野家蔵

法秀院使用　鏡箱　一口
安土桃山時代
径一三・七×高六・〇
宇賀野長野家蔵

法秀院使用　枡　一口
安土桃山時代
縦一五・八×横一五・八×高七・八
宇賀野長野家蔵

山内一豊使用　轡　一口
安土桃山時代
縦一八・三×横二六・〇
宇賀野長野家蔵

幼学綱要　二　一冊
明治十六年
縦二三・〇×横一五・五
安芸市立歴史民俗資料館

法秀院御法名　一幅
江戸時代（前期）
縦一五・七×横四六・〇
宇賀野長野家蔵

土州様御墓所ニ付書翰類留記　一冊
江戸時代（後期）
縦二七・一×横一九・七
宇賀野長野家蔵

法秀院墓写真　一枚
明治二八年（一八九三）
縦一六・三×横二二・三
宇賀野長野家蔵

歴代古書年譜　勇　一冊
江戸時代（後期）
縦二三・六×横一五・八
滋賀県指定文化財
長浜城歴史博物館蔵

《一豊夫人と同郷だった若宮まつの話》

安芸土井廓中絵図　一枚
文化一三年（一八一六）以前
縦二〇九・〇×横一二一・〇
安芸市立歴史民俗資料館蔵

羽柴秀勝文書
①羽柴秀勝判物　一通
天正十年八月十八日
縦二九・一×横四四・〇
②羽柴秀勝黒印状　一通
天正十年八月十八日
縦三〇・四×横四八・四
③羽柴秀勝判物　一通
天正十年九月十五日
縦三〇・四×横四八・四
安芸市立歴史民俗資料館蔵

直槍　銘平安城住下坂　一口
江戸時代（前期）
刀長一〇・八　全長四〇・〇
安芸市立歴史民俗資料館蔵

《掛川城主時代の一豊》

遠江国十二郡千六十三村図　一枚
慶応四年（一八六八）
縦六〇・八×横八二・八
掛川市二の丸美術館蔵

遠州懸川之城図　一枚
寛政元年（一七八九）
縦五六・〇×横一〇〇・〇
安芸市立歴史民俗資料館蔵

遠江国掛川城地震之節損所之覚図　一枚
嘉永七年（一八五四）
縦八八・五×横八五・五
掛川市二の丸美術館蔵

御天守台石垣芝土手崩所絵図　一枚
嘉永四年（一八五一）
縦六五・〇×四六・〇
掛川市二の丸美術館蔵

山内一豊判物　野村主計宛　一通
文禄二年（一五九三）
縦二九・四×横四六・三
蓮華寺蔵

山内一豊書状　慶雲寺宛　一通
文禄三年（一五九四）
縦三一・〇×横五〇・二
慶雲寺蔵

《山内一豊と合戦》

五藤家家宝の鏃　一口
安土桃山時代
全長一五・〇
安芸市立歴史民俗資料館蔵

一豊奮闘絵図　一枚
近代
縦六七・〇×横九八・〇
土佐山内家宝物資料館蔵

江州賤ヶ嶽之図　一枚
江戸時代（後期）
縦二二・一×横三〇・〇
安芸市立歴史民俗資料館蔵

小牧長久手合戦図屏風　六曲一隻
江戸時代（後期）
縦一六六・三×横三四八・〇
個人蔵

尾州小牧合戦之図　一枚
江戸時代（後期）
縦七四・五×横九三・〇
安芸市立歴史民俗資料館蔵

小田原陣仕寄陣取図　一枚
天正一八年（一五九〇）
縦一一九・一×横一一三・六
山口県文書館蔵

関ヶ原合戦図屏風　六曲一隻
江戸時代（後期）
縦一五六・七×横三六一・二
彦根城博物館蔵

関ヶ原合戦図　一枚
江戸時代（後期）
縦三五・〇×横九二・〇
安芸市立歴史民俗資料館蔵

江州姉川合戦図　一枚
江戸時代
縦三六・七×横七七・二
長浜城歴史博物館蔵

五藤家家宝の草鞋　一足
安土桃山時代
縦二四・〇×横七・五×二
安芸市立歴史民俗資料館蔵

三木城攻めの図
『絵本太閤記』二編の十　一冊
享和元年（一八〇二）
縦二二・四×横一五・一
長浜城歴史博物館蔵

光秀山崎を敗走する図
『絵本太閤記』四編の三　一冊
享和元年（一八〇二）
縦二二・四×横一五・一
長浜城歴史博物館蔵

織田信長黒印状　一幅
天正九年（一五八一）
縦一四・五×横九一・五
個人蔵

錦絵　備中高松城水攻之図　一枚
江戸時代（後期）
縦三六・三×横七五・〇
個人蔵

羽柴秀吉陣立朱印状　一幅
天正一三年（一五八五）
縦二六・八×横七八・九
長浜城歴史博物館蔵

賤ヶ岳合戦図屏風　六曲一双
江戸時代（中期）
縦一一二・六×横二七五・〇×二
長浜城歴史博物館蔵

石田三成像　一幅
明治時代
縦一二七・三×横四一・三
石田三成公事蹟顕彰会蔵

関原御陣図　一枚
文化四年（一八〇七）
縦三六・七×横七七・二
長浜城歴史博物館蔵

《土佐藩主山内一豊の政治》

土佐国石高地図　一枚
江戸時代（後期）〜明治時代
縦八一・〇×横八三・二
高知県立図書館蔵

高知御家中等麁図　一枚
文化八年（一八一一）
縦六二・〇×横九二・〇
安芸市立歴史民俗資料館蔵

山内一豊像　一躰
大正二年（一九一三）
縦四八・〇×横一七・八×高六一・〇
安芸市立歴史民俗資料館蔵

土佐全国ノ図　一枚
江戸時代（後期）〜明治時代
縦七九・六×横一二三・五
高知県立図書館蔵

《要法寺と山内家》

要法寺之図　一枚
江戸時代（後期）
縦三一・八×横四七・〇
安芸市立歴史民俗資料館蔵

日新上人開眼形木・日蓮聖人曼荼羅本尊　一幅
天正一五年（一五八七）
縦八九・三×横五三・〇
高知県指定文化財
要法寺蔵

鬼子母神像　一幅
江戸時代（前期）
縦六五・七×横二五・九
高知県指定文化財
要法寺蔵

山内康豊像　一幅
江戸時代（前期）
縦九〇・八×横四四・二
高知県指定文化財
要法寺蔵

恵沽院（康豊妹）画像　一幅
江戸時代（前期）
縦八六・二×横三五・〇
高知県指定文化財
要法寺蔵

慈仙院（一豊妹）画像　一幅
江戸時代（前期）
縦七七・八×横三三・六
高知県指定文化財
要法寺蔵

日蓮聖人曼荼羅本尊　一幅
弘安四年（一二八一）
縦五四・〇×横三二・四
高知県指定文化財
要法寺蔵

三十番神像　一幅
江戸時代（前期）
縦七〇・八×横三八・七
高知県指定文化財
要法寺蔵

山内一豊書状　一通
江戸時代（前期）
縦一四・三×横八六・七
要法寺蔵

参考文献

安芸市立歴史民俗資料館『安芸市立歴史民俗資料館図録』（一九九五年）
土佐山内家宝物資料館『築城四〇〇年　高知城』（二〇〇三年）
土佐山内家宝物資料館『近世大名の誕生　―山内一豊　その時代と生涯―』（二〇〇一年）
長浜城歴史博物館『秀吉を支えた武将　田中吉政　―近畿・東海と九州をつなぐ戦国史―』（二〇〇五年）
山内家史料刊行委員会事務局『山内家史料　第一代　一豊公紀』（一九八〇年）
要法寺『要法寺年表』（一九九二年）
要法寺文書編纂会『要法寺文書』（一九九〇年）

小和田哲男『山内一豊　負け組からの立身出世学』（ＰＨＰ研究所　二〇〇五年）
小和田哲男編『山内一豊のすべて』（新人物往来社　二〇〇五年）
山本大『山内一豊』（新人物往来社　二〇〇五年）
渡部淳『検証・山内一豊伝説「内助の功」と「大出世」の虚実』（講談社　二〇〇五年）

『愛知県の地名』日本歴史地名大系二三（平凡社　一九八一年）
『高知県の地名』日本歴史地名大系四〇（平凡社　一九八三年）
『滋賀県の地名』日本歴史地名大系二五（平凡社　一九九一年）
『静岡県の地名』日本歴史地名大系二二（平凡社　二〇〇〇年）
『土佐國群書類従　巻二』（高知県立図書館　一九九九年）
『南路志』土佐国史料集成第二巻（高知県立図書館　一九九一年）

『別冊歴史読本　山内一族　一豊と妻の生涯』（新人物往来社　二〇〇五年）
『別冊歴史読本　山内一豊　土佐二十万石への道』（新人物往来社　二〇〇五年）
『みーな　vol86一豊公と千代さま』（長浜みーな協会　二〇〇五年）
『みーな　vol89一豊・千代の暮らしたまち』（長浜みーな協会　二〇〇五年）
『歴史・文化ガイド　山内一豊と千代』（日本放送出版協会　二〇〇五年）

お世話になった方々（敬称略）

安芸市立歴史民俗資料館
石田三成公事蹟顕彰会
永江院
掛川市二の丸美術館
慶雲寺
浄顕寺
誓願寺
高知県立図書館
瑞泉寺
大通院
土佐山内家宝物資料館
虎姫町教育委員会
長浜八幡宮
彦根城博物館
宝厳寺
米原市教育委員会
山口県文書館
要法寺
蓮華寺

上羽　文雄
牛谷　訓子
大粱　篤二
桑山　信子
後藤　克
佐治　重憲
澤田　惇
高橋　治彦
竹本　治郎
田中　恭子
寺井　通雄
百々　元昭
長野　孝子

執筆者（敬称略・執筆順）
小和田哲男（静岡大学　教授）
森岡榮一（財団法人長浜曳山文化協会　学芸担当副参事）
太田浩司（長浜城歴史博物館　学芸担当主幹）
畑　裕子（作家）
渡部　淳（土佐山内家宝物資料館　館長）

編集担当
太田浩司（長浜城歴史博物館）
岩根順子（サンライズ出版）

編集スタッフ
江竜喜之（長浜城歴史博物館）
秀平文忠（長浜城歴史博物館）
橋本　章（長浜城歴史博物館）
久保寺容子（長浜城歴史博物館）

制作スタッフ
山下恵子（サンライズ出版）
岩﨑紀彦（サンライズ出版）
宮川浩治（サンライズ出版）
李　真由美（サンライズ出版）
林沼愛子（サンライズ出版）
中田弥生
辻村耕司

一豊と秀吉が駆けた時代
―夫人が支えた戦国史―

初版第一刷　平成十七年十二月二十七日
企画・編集　長浜城歴史博物館
制　　　作　サンライズ出版株式会社
発　　　行　長浜城歴史博物館
〒五二六―〇〇六五
滋賀県長浜市公園町一〇番一〇号
電話　〇七四九（六三）四六一一
発　売　元　サンライズ出版
〒五二二―〇〇〇四
滋賀県彦根市鳥居本町六五五―一
電話　〇七四九（二二）〇六二七

ISBN-88325-290-6 C0021